FAIRLIEBT
VERLAG

Isabell Mezger-Schumann (Hrsg.)

Willst du mit mir gehen, Herz?

14 Wege zu mehr Selbstmitgefühl.

Impressum

© 2020 Fairliebt Verlag, Isabell Schumann

Texte: Ann-Carolin Helmreich, Aurelia Hack, Elisabeth Ziegler, Eva Eulenstein, Jessica Jansen, Kathrin Strate, Katrin Krappweis, Lisa Schröter, Marvin Kopp, Olga Brüwer, Sina Knoell, Susanne Behrendt, Viktoria FiLov, Isabell Schumann (Hrsg.)

Verlag und Druck: tredition GmbH, Halenreie 40-44, 22359 Hamburg

Cover-Gestaltung: Indra Siemsen

Lektorat: Annika Hansen

ISBN:

Hardcover: 978-3-347-05914-6
Paperback: 978-3-347-05913-9
eBook: 978-3-347-05915-3

Die Deutsche Nationalbibliothek verzeichnet diese Publikation in der Deutschen Nationalbibliografie; detaillierte bibliografische Daten sind im Internet über http://dnb.d-nb.de abrufbar.

Inhaltsverzeichnis

Liebes Selbstmitgefühl	7
Wer hinter diesem Buch steckt	11
Ann-Carolin Helmreich	16
Aurelia Hack	27
Elisabeth Ziegler	37
Eva Eulenstein	53
Jessica Jansen	63
Kathrin Strate	69
Katrin Krappweis	77
Lisa Schröter	87
Marvin Kopp	95
Olga Brüwer	104
Sina Knoell	111
Susanne Behrendt	119
Viktoria FiLov	133
Isabell Mezger-Schumann	140
Danksagung	154
Mehr über die Autor*innen	155

Liebes Selbstmitgefühl,

schön, dass du hier bist.

Wo warst du nur so lange? Manchmal kommst du uns für einige Minuten, Stunden oder gar Tage abhanden, bis daraus Monate und Jahre werden. Dabei wendet unser Herz so viel Kraft auf, immer wieder leise, dann lauter, die Frage zu stellen:

Willst du (wieder) mit mir gehen?

Es wartet sehnsüchtig auf deine Antwort. Auf ein: *Ja, ich will!*

Deine Antwort darauf ist *ja* oder zumindest *vielleicht*, deshalb hältst du gerade dieses Buch in Händen. Dein Herz hat dich hierher geführt - oder dein Kopf, der weiß, dass dein Herz danach schreit. Und der endlich mal eingesehen hat, dass nun dein Herz an der Reihe ist, zu dir zu sprechen.

Atme tief ein. Und tief aus.

Du darfst dich entspannen. Dich erwartet in diesem Buch keine Anleitung für mehr Selbstmitgefühl. *Selbstmitgefühl zu praktizieren* ist kein weiterer Punkt auf deiner To-do-Liste. Es geht nicht so sehr darum, etwas zu *tun*, um dich selbst mehr zu achten oder zu lieben. Es geht vielmehr darum, zu überprüfen, wie du mit dir selbst *bist*. In welcher Beziehung du zu dir selbst stehst.

Es geht darum, dass du immer lieber Zeit mit dir selbst verbringen magst und das annimmst, was du dann von dir selbst siehst und fühlst. Anzunehmen, wer du bist, wenn du nichts sein oder werden willst. Für dich selbst gut zu sorgen. Dich selbst zu fühlen. Deine Gefühle fühlen zu dürfen ohne Bewertung. Dich in die Arme zu nehmen und zu wiegen wie die liebende Mutter ihr Kind.

Selbstliebe ist in aller Munde. Ein Begriff, der zum Sammelbecken verschiedener Interpretationen und hoher Erwartungen geworden ist. Umjubelt, lässt sich gut verkaufen und klingt einfach himmlisch. Das Selbstmitgefühl ist zum Stiefkind der Selbstliebe geworden, dabei ist es mindestens genauso essentiell für ein glückliches Leben. Selbstmitgefühl ist praktischer und erleichtert den Zugang zur Selbstliebe.

Du kannst es dir so vorstellen: Liebe durchzieht unser Inneres wie die Flüsse unsere Kontinente. Selbstmitgefühl ist das Ufer, von dem aus wir in diese Flüsse springen oder Schritt für Schritt hinein waten können. Selbstmitgefühl gibt dir also den Zugang zu deiner inneren Welt, in der die Liebe regiert.

Es ist Zeit, diesen praktischen Zugang zur Selbstliebe wieder mehr zu nutzen. Stelle dir vor, wie wir alle, die nach mehr Selbstmitgefühl streben, einen Eis-Stand am Ufer aufbauen, damit es noch mehr Menschen an den Fluss zieht. Dieses Buch, das dem Selbstmitgefühl gewidmet ist, kann dieser Eis-Stand sein und dir den Weg ebnen.

Doch was bedeutet *Selbstmitgefühl* für dich? Wie würde sich dein täglicher Umgang mit dir selbst ändern, wenn du dir mehr Mitgefühl entgegenbringst? Wie würde sich dein Studium, dein Beruf, deine Jobsuche oder deine Selbstständigkeit verändern, wenn du dir selbst näher kommst? Und welchen Einfluss hat Selbstmitgefühl auf deine Partnerschaft, familiäre Beziehungen oder Freundschaften? Oder gar auf die Welt? Und was würdest du *nicht mehr tun*, wenn du mehr mit dir selbst fühlen würdest?

Vielleicht flüstert dir deine innere Stimme schon einige Antworten auf diese Fragen zu. Oder du bist jetzt neugierig geworden, welche Antworten *wir* darauf gefunden haben.

Die 14 Autor*innen dieses Buches nehmen dich mit auf ihre ganz eigene Reise hin zu mehr Selbstmitgefühl. In ihren so unterschiedlichen Geschichten wird deutlich, dass es genauso viele Perspektiven auf das Thema gibt, wie es Menschen auf der Welt gibt.

Dieses Buch dient dir als Quelle der Inspiration für deinen eigenen Weg zu mehr Mitgefühl mit dir selbst - und damit auch mit allen anderen Menschen und Wesen dieser Erde.

Beim Lesen wünschen wir dir viele Momente, in denen du mit dem Herzen liest und verstehst. Schließlich bist du deinem Herzen schon hierhin gefolgt, und vielleicht stellst du im Laufe des Lesens deinem Herzen die alles entscheidende Gegenfrage:

Willst du mit mir gehen, Herz? Es wird *Ja* sagen.

Wer hinter diesem Buch steckt

 In diesen Seiten stecken die Geschichten von 14 Menschen. Was sie gemeinsam haben? Sie haben sich in ihrem Leben auf schmerzvolle und liebevolle Weise mit ihrem Selbstmitgefühl auseinandergesetzt - und sie engagieren sich auf der sozialen Coachingplattform *Fair Coachings* für Menschen mit geringem Einkommen. Für Azubis, Studierende, Arbeitslose, Alleinerziehende und andere, die sich mit einem kleinen Budget durch einen Coach auf ihrem Weg unterstützen lassen möchten.

Auf Fair Coachings finden sich Coachingangebote zu bezahlbaren Preisen. Engagierte Coaches und Trainer*innen stellen hier Workshops, Kurse, Webinare und Einzelcoachings mit Rabatten oder kostenfrei zur Verfügung. Wir nennen sie *Fair Coaches*.

Mit unseren Kooperationspartnern geben wir Workshops in sozialen Vereinen und Einrichtungen, um zum Beispiel Jugendliche oder Menschen mit Fluchthintergrund für ihre persönliche Entwicklung zu begeistern.

Im Herbst 2018 kam mir, Isabell Mezger-Schumann, bei einer Auszeit auf dem Land die Idee, mehr Menschen unterstützen zu können, als ich es mit meinen Coachingangeboten aktuell tat. Und zwar die Menschen, die sich Unterstützung auf ihrem Weg wünschen, aber nicht das nötige Geld für reguläre Coachingsätze haben.

Aus der fixen Idee, die mich Nacht für Nacht wach hielt und an meinen freien Tage meine Finger wund machte vom Tippen, wurde im Februar 2019 Wirklichkeit: Die soziale Coachingplattform www.fair-coachings.de war online - mit fairen Coachingangeboten von insgesamt 15 Coaches aus meinem Freundeskreis.

Schnell kamen mehr Coaches und Trainer*innen hinzu und es bildete sich ein Team von Unterstützer*innen um mich, sodass wir jetzt wirklich ein WIR sind.

Die Idee zu diesem Buch entstand an den stürmischen Herbsttagen, in denen wir uns für gewöhnlich alle mehr Zeit nehmen, den Blick nach Innen zu richten. Elf Fair Coaches und ein Teil unseres Teams haben an den kalten Tagen über ihren Texten für dieses Buch gebrütet, gewütet und mit der ein oder anderen Träne und ganz viel Mitgefühl schließlich den letzten Punkt gesetzt.

Zusammen mit unserer Community haben wir dieses Buch im Frühjahr 2020 realisiert. Durch eine Crowdfunding-Kampagne bestellten sich viele Menschen das Buch vor und ermöglichten uns damit, dieses Buch lektorieren, gestalten und drucken zu können. Der Prozess von der ersten Idee bis zu diesem Buch hat uns so viel Freude gemacht, dass es weitere Fair Coachings Bücher geben wird - unter dem neu gegründeten

Fairliebt Verlag.

Danke, dass du dieses Buch gekauft hast und uns dein Vertrauen schenkst. Vorhang auf für 14 ehrliche Geschichten über das Selbstmitgefühl. *Willst du mit uns gehen?*

In Wertschätzung,

Isabell Mezger-Schumann und die Autor*innen

Das Leben ist ein Fluss, in dem sich die Sonne spiegelt.

Ein goldener Fluss, der dich in Fülle hüllt.

Schwimme darin.

Und deine Energie fließt in jede Richtung.

Breitet sich aus und du bist im Fluss.

Du bist im Fluss des Lebens.

Das Leben ist ein Fluss, in dem sich die Sonne spiegelt.

Ein goldener Fluss, der dich in Fülle hüllt.

Mach die Augen auf und sieh hin.

Öffne die Arme und spüre.

Wiege deinen Körper.

Lass dein Herz sich öffnen.

Und treibe zurück zur Quelle.

Ann-Carolin Helmreich

Emotional & Mental Transformation Coach

Wohnt in Berlin

Bietet einfühlsame, bewusstseinserweiternde und humorvolle Begleitung für Menschen und Unternehmen in herausfordernden Zeiten an.

Ann-Carolin in drei Worten: Radikal ich. Sein.

„Wir bekommen im Leben nicht das, was wir wollen. Sondern das, was wir brauchen. Und ich habe eine Wende in meinem Leben gebraucht, einen Schlussstrich. Etwas, das meine Welt regelrecht erschütterte, um aufzuwachen."

Erdbeben

An meinem ersten Tag baute ich IKEA-Schreibtische zusammen. Dabei war ich euphorisch: Ich blickte voller Zuversicht auf ein neues Abenteuer. *Mein Abenteuer.* Gerade hatte ich meine kleinstädtische Welt in Hessen verlassen und war nach Berlin gezogen, in eine aufregende Stadt mit scheinbar unbegrenzten Möglichkeiten. Ich war Mitte zwanzig und Mitbegründerin eines Start-ups, in dem ich eine Führungsrolle übernehmen sollte.

Ein wilder Ritt lag vor mir, der sieben Jahre andauern sollte. Schritt für Schritt sah ich dieses Unternehmen wachsen. Wie ein Fisch schloss ich mich dem Schwarm an und synchronisierte mein Dasein mit den Erwartungshaltungen meiner Umwelt. Ich entschied mich, stromlinienförmig mitzuschwimmen. Denn meine größte Angst war es, nicht gut genug zu sein. Nicht gut genug für diesen Job. Dabei hatte ich doch die einmalige Chance, Teil im Ökosystem *Start-up in Berlin* zu sein.

Immer mehr Teammitglieder, ebenso jung und hungrig wie ich, kamen in meine Abteilung, bis sie schließlich der größte Bereich im Unternehmen wurde. Ich fühlte mich dadurch in dem bestätigt, was ich tat, und ich hatte ein freundschaftliches Verhältnis zu den meisten meiner Mitarbeitenden. Meine Welt drehte sich um diesen Job und ich genoss es.

Doch da gab es noch andere Meinungen: „Du bist irgendwie härter geworden, seitdem du Karriere machst." Sätze wie dieser von Freunden aus meiner Heimat trafen mich. Doch ich wehrte ihre Behauptungen schlagfertig ab - so wie alles, was in dieser Zeit nicht in meine neue Welt zu passen schien. Ich war zielorientiert, um keine

Antwort verlegen und angetrieben von Zielen, die immer unrealistischer zu werden schienen.

Das Management-Team spielte nach Regeln, die mir fremd waren: Männer-Regeln, mit viel Dominanz, politischen Nebenverabredungen und heftigen Auseinandersetzungen. Jeder von ihnen strotzte vor Durchsetzungskraft. Ich war die einzige Frau in diesem Team und beschloss, meine Weiblichkeit zu verstecken und mich dem Rudel anzuschließen. Ich wollte nicht noch mehr Baustellen aufmachen. Meine inneren Dialoge tat ich kopfschüttelnd ab. Das Unterdrücken meiner Gefühle und meiner Intuition wurde zur Regel, denn nur so glaubte ich, könnte ich einen guten Job machen. Etwas in mir dachte, dass der Stress und die permanente innere Anspannung der Preis waren, den ich zahlen musste. Die Wochen, in denen ich 70 Stunden arbeitete und meine Wohnung nur zum Schlafen aufsuchte, waren ein vermeintlicher Ausdruck meines Erfolgs.

Ich entfernte mich immer mehr von mir. Vergaß die vergangenen Jahre, in denen ich Zugang zu Meditation und Achtsamkeit hatte. Doch nun machte mir der Kontakt zu meinem Inneren unfassbar Angst. Negative Gefühle zuzulassen und zu leben, war etwas, das ich mir nicht zugestehen wollte. Ich drückte sie einfach weg und wurde immer härter zu mir.

Stattdessen lieber auf etwas anderes konzentrieren: auf die Erfolge, die Feiern, das Gefühl, etwas geschafft zu haben. Immer das nächste Ziel im Blick. Den ganzen Tag Entscheidungen treffen. *Für mich. Für mein Team. Für das Unternehmen.* Mein tägliches Mantra hinterfragte ich nicht. Wer mich hinterfragte, den wies ich entschieden zurück.

Denn ich fühlte mich ja angekommen in meinem Job. Mein materieller Erfolg, meine große Lernkurve und mein tolles Team sind doch Beweis genug, sagte ich mir.

Das erste Beben – Der Körper schreit

Nach einem langen Tag im Büro stand ich abends um halb neun vor dem Supermarktregal und war überfordert. Meine Atmung wurde flacher und mein Magen verkrampfte sich. Ich hatte auf einmal das Gefühl, dass ich gleich zusammenbrechen und mich übergeben müsste. Mein Puls begann zu rasen. Die Wahl zwischen rotem oder grünem Pesto löste eine totale Krise in mir aus. Ich ließ den Einkaufswagen am Pastaregal zurück und hechtete zum Ausgang. Japsend stieg ich in meinem Wagen und atmete langsam aus und wieder ein. Schluckte schnell eine Pille gegen Übelkeit und wartete, bis es besser wurde. Diese rezeptfreien Tabletten, die eigentlich Reiseübelkeit unterdrückten, wurden meine ständigen Begleiter. Ohne sie ging ich nicht mehr aus dem Haus.

Die Attacken kamen wieder. Und *wieder*. Ich hatte keine Ahnung, was meinen Körper da heimsuchte. Panikattacken kannte ich nicht. Ich dachte, dass es mit meiner Verdauung zu tun hätte. Reizdarm oder so. Keinen Mut, zum Arzt zu gehen. Keine Zeit, mich damit auseinander zu setzen, dass ich nicht mehr so funktionierte wie früher.

Wenn ich krank zu werden drohte, putschte ich mich mit Aspirin Complex so hoch, dass ich aufgedreht in Meetings saß und die neuen Vertriebsziele wie bedrohliche Echos in meinem Kopf hallten. Zu ihnen gesellte sich dann wieder mein inneres Mantra: Ich muss meine Ziele erreichen. Es muss weitergehen. *Für mich. Für mein Team. Für das Unternehmen.*

Doch ab und zu holte sich mein Körper seine Portion Ruhe und schickte mich auf Zwangsurlaub ins Bett. Häufig wurde ich sofort krank, wenn ich in den Urlaub fuhr oder meine Eltern besuchte. Es waren kleine Oasen der Ruhe und der Einkehr, in denen mein Körper mir ein dickes, fettes Stoppschild aufzeigte. Vergebens.

Zwei Burnout-Warnungen meines Arztes schlug ich in den Wind. Ich buchte mich vier Tage in ein Wellnesshotel ein und gab viel Geld für Massagen und Anwendungen aus. Das musste reichen, um wieder fit zu werden und Leistung bringen zu können. *Für mich. Für mein Team. Für das Unternehmen.*

Verkrampft hielt ich an diesem äußeren Bild fest, denn ich hatte eine unfassbare Angst, wer ich ohne das alles sein würde.

Mein Selbstwert schien so fest verwoben mit dem, was ich viele Jahre lang aufgebaut hatte. Wenn mir das jemand nehmen sollte, dann würde alles zusammenbrechen. Manchmal malte ich mir nachts im Bett genau das aus.

Ich hatte Angst vor der Leere in mir.

Was würde danach kommen?

Wer war ich ohne das alles?

Wir bekommen im Leben nicht das, was wir wollen. Sondern das, was wir brauchen. Und ich habe eine Wende in meinem Leben gebraucht, einen Schlussstrich. Etwas, das meine Welt regelrecht erschütterte, um aufzuwachen.

Das zweite Beben – Die Abfindung

Sie entzogen mir die Vertriebsleitung. Ohne eine für mich befriedigende Erklärung. Dafür wurde ich in die Leitung der Personalentwicklung versetzt. Meine neue Aufgabe im Unternehmen war die persönliche Weiterentwicklung meiner Teammitglieder. Plötzlich war da ein Arbeitsmodell mit mehr Platz für mich und meine Selbstreflexion. Das war mein Startschuss, um wieder in Kontakt mit mir zu kommen.

Nach und nach merkte ich, dass ich jahrelang Dinge in dieser Firma getan hatte, die mir gar nicht entsprachen. Dinge gesagt hatte, weil sie von mir erwartet wurden, die mir aber innerlich zutiefst missfielen. Endlich fand ich meine Stimme wieder und wurde unbequemer, als ich es mich je zuvor getraut hatte. Ich sprach Missstände offen an und stellte mich vor die Menschen, die sich mir anvertrauten. Ein gefährliches Spiel, dessen war ich mir bewusst. Und so kam es dann, wie es kommen musste: Nach einem weiteren Konflikt wurde ich mit einer bescheidenen Abfindung und Vertragsauflösung vor die Tür gesetzt. Zwei Tage vor Weihnachten. *Danke, das war's!*

Zwei Nervenzusammenbrüche und ein verzweifeltes Weihnachtsfest später saß ich im Flugzeug mit einem One-Way-Ticket nach Asien. Auf dem Konto war genug Geld, um monatelang reisen zu können.

Was danach sein würde, wusste ich nicht. Gefühle wie Erleichterung und Freiheit krochen langsam in meinen Körper.

Ich reiste durch einige Länder, die meiste Zeit alleine. Jeden Tag aufs Neue durfte ich Entscheidungen treffen. *Nicht für das Team. Nicht für das Unternehmen. Nur für mich.* Musste niemandem Rechenschaft ablegen. Durfte verweilen, beobachten und einfach nur sein. Ich begann zaghaft, wieder in Kontakt mit mir und meinen eigenen Bedürfnissen zu kommen. Ich hatte ja keine Ahnung, was da auf mich wartete, als ich in Kambodscha kurzentschlossen meiner Neugier und meinem Bauchgefühl folgte und einen Flug nach Kathmandu buchte.

In Nepal angekommen, besuchte ich einen Ashram. Das wollte ich immer schon mal erleben, seit ich den Film *Hotel Very Welcome* gesehen hatte. Also tauschte ich westliche Kleidung gegen eine rote Robe und stürzte mich ins Ungewisse. Ein straffer Stundenplan mit Yoga und sechs Stunden Osho Body Dynamic Meditation wurden mir gereicht. Für zwei Wochen stieg ich aus der Gesellschaft aus und ging in die Innenschau. Ich war bereit und ließ mich mit der Offenheit eines Kindes auf alles ein, was dort passierte.

Wenig später schmolz mein westlicher Panzer in den Parkettboden der Meditationshalle.

Ich weinte, schrie und spürte meine Wut.

Da waren sie auf einmal, die ganzen Gefühle, die ich nicht haben wollte. Und gleichzeitig war dieses tiefe Wissen in mir, dass gerade Heilung geschieht.

Heilung geschieht, wenn der Verstand nicht mehr die Führung übernimmt. Wenn ich den Kampf nicht mehr kämpfe. Mich dem Leben hingebe.

Ich habe mich hingegeben. Mich geöffnet und gemerkt, dass da eine zarte Seite in mir ist, die gesehen werden will. Und eine ganz starke Seite, die sich entspannen darf. Die Idee vom Selbstmitgefühl war geboren und hielt Einzug in mein Leben.

Das dritte Beben – Die Erschütterung meiner Welt

Wenige Tage nach dem Besuch im Ashram wollte ich nach Indien aufbrechen und noch mehr entdecken. Ich war gestärkt und hatte ein Stück zu mir selbst gefunden.

Doch es kam anders. Ein Jahrhunderterdbeben der Stärke 7,8 erschütterte Nepal. Es beendete tausende Menschenleben binnen weniger Minuten. Ich überlebte. In einem Hotel in Kathmandu kauerte ich vor meinem Bett, während die Erde fast zwei Minuten lang bebte und Häuser zusammenstürzten. Mein Hotel blieb stehen. Viele um mich herum nicht.

Das erste Mal reale Todesangst gehabt zu haben, hat mich geerdet. So sehr, wie nichts anderes es vermocht hätte. Da war sie nun, die Erschütterung meiner Welt, um die ich innerlich unbewusst gebeten hatte. Eingestürzte Mauern, Strommasten in Autodächern. Als ich durch die Straßen lief und das Ausmaß der Zerstörung sah, fasste ich einen Entschluss. Ganz gleich, wie kaputt es in mir und in dieser Stadt gerade aussah: Ich wollte bleiben, um mich zu heilen und den Menschen hinzugeben, die Hilfe brauchten.

Wir schliefen nun in Zelten. Dort fassten wir - eine handvoll Nepali und ich - den Entschluss, Geld für Zelte, Reis und Linsen zu sammeln, um in den Bergdörfern die schlimmste Not zu lindern. Ohne mein neu gewonnenes Selbstmitgefühl und den tiefen Kontakt zu mir wäre ich wohl schnell abgehauen. Der Militärflieger, der im Flugzeugbauch Touristen nach Indien mitnahm, flog jedoch ohne mich los. *Ich blieb.* Entschieden. In meinem ganz eigenen Schmerz und dem des Landes.

Unsere Hilfsorganisation "Garden of Hope Kathmandu" gibt es noch immer. Sie wird voller Stolz von den Menschen geleitet, mit denen ich sie damals aufgebaut hatte. Sie führt Touristen nicht nur durch Nepals atemberaubend schöne Natur und die Berge, sondern ermöglicht ihnen auch, an den richtigen Stellen zu helfen.

Die Angst ist *für* mich

Es gibt mich immer noch. Nur anders. Anders als vor dem Erdbeben. Zurück in Deutschland brachten posttraumatische Belastungsstörungen meine Welt immer wieder ins Wanken.

Ich suchte mir Hilfe. Mit Coachingsitzungen und Psychotherapie lernte ich mich besser kennen und merkte, dass ich immer noch ab und zu zynisch mit mir selbst sprach und meine Ansprüche an mich oft noch zu hoch waren.

Vor allem aber lernte ich, dass ich bestimmte Gefühle als gut bewertete und andere nicht haben wollte. Immer noch nicht. Ich wollte keine Angst haben, sobald eine Brücke, auf der ich mit vielen Menschen lief, leicht in Eigenschwingung geriet. Ich wollte den Drang loswerden, in jedem Raum, in dem ich mich aufhielt, den Fluchtweg kennen zu müssen. So entwickelte sich bei mir eine Angst vor der Angst. Erst als mein Therapeut mir sagte, dass meine Angst vor Erdbeben und meine seismografische Empfindlichkeit gegenüber Erschütterungen gut für mich seien, begann ich zu begreifen: Meine Angst hat mir das Leben gerettet. Sie war und ist wichtig für mich. Sie wird mich in Zukunft immer früh warnen, wenn es ähnlich gefährlich werden könnte, wie damals in Kathmandu.

Als ich aus Nepal zurückkam, war mir klar, dass es Zeit wurde, mich selbstständig zu machen. Mich zu zeigen und meine Talente in die Welt zu bringen. Ich hatte genug Mut für diesen Schritt gesammelt. Ich wollte Menschen und Unternehmen dabei helfen, wirklich zu wachsen und authentisch zu leben und zu wirken.

Mittlerweile begleite ich Menschen auf dem Weg, neu über sich und die Welt zu denken und ihre Gefühle vollständig zu fühlen.

Bist du bereit, deine eigene Melodie zu spielen?

Mein Therapeut sagte einmal zu mir:

„Sei liebevoll zu dir selbst, wenn die Angst kommt und danke ihr. Sie trägt eine Botschaft in sich."

Was will mir dieses Gefühl sagen? Vielleicht bin ich gerade irgendwie überfordert. Ich merke, dass ein Gefühl von Angst oder Scham in mir aufsteigt. Ich beobachte das Gefühl. Ich bin dieses Gefühl aber nicht. Ich lasse es mal zu und akzeptiere, dass es da ist. Ich gebe mir die volle Erlaubnis. Ich erlaube mir zu weinen, verzweifelt zu sein, mich klein zu fühlen oder Wut zu empfinden. Ich weiß, dass es nur temporär da ist und wieder gehen darf, sobald ich bereit bin, es zu fühlen. *Kein Gefühl ist für immer.*

Ich muss nichts aushalten. Ich muss mich nicht „zusammenreißen". Das Wort „müssen" verwende ich seit einigen Jahren sehr viel bewusster. Ich muss atmen, essen, schlafen und sterben. Alles andere ist erstmal verhandelbar.

Stell dir vor, deine Gefühle sind Tasten eines Klaviers.

Du kannst jederzeit die Melodie hören.

Wenn du allerdings aus Angst vor all deinen Gefühlen nur acht Tasten bedienst, wirst du nur Kinderlieder spielen können und die Lieder werden berechenbar und eintönig klingen.

Wenn du aber entdeckst, dass dir 88 Tasten zur Verfügung stehen, du also alle Gefühle fühlen kannst und dich dabei nicht verurteilst, entsteht etwas Neues.

Anfangs klingt es vielleicht noch ungelenk, weil du ja nur wenige Tasten kennst.

Aber bald wirst du spüren, dass auch die ganz tiefen Töne ihren Zauber haben und die ganz hohen Töne deiner Melodie einen besonderen Glanz verleihen.

Selbstmitgefühl ist dein Notenschlüssel, die Lust auf Entwicklung deines Rhythmus'.

Es wird eine einzigartige und faszinierende Melodie.

Bist du bereit, sie zu spielen?

Aurelia Hack

Heilpraktikerin für Psychotherapie, Autorin des Sachbuches „Leg den schwarzen Hund an die Leine", zertifizierte Ernährungsberaterin & Yoga-Lehrerin

Wohnt in München

Bietet ganzheitliche, individuelle therapeutische Unterstützung bei der Prävention und Überwindung von Depressionen und Burn-Out an.

Aurelia in drei Worten: empathisch, optimistisch, einfühlsam

„Es war ein Tag im April, an dem nichts mehr ging. Nachdem ich aufgewacht war, lag ich im Bett und spürte: Ich kann nicht mehr aufstehen. Mein Körper fühlte sich so schwer an. Als wenn ein 100 Kilo schweres Gewicht auf jedes einzelne Glied meines Körpers drücken würde."

Meine beste Freundin ist kein Roboter

Ich war Ende Zwanzig, als ich mein Mitgefühl für mich selbst vollkommen verloren hatte. Ich arbeitete im Marketing eines großen Personaldienstleisters, hatte eine Beziehung, zahlreiche Freunde – was will man mehr? Von außen betrachtet schien mein Leben wohl tatsächlich für viele Menschen vollkommen und erstrebenswert zu sein. Sogar ich erzählte mir selbst gern die Geschichte, dass doch alles ganz wunderbar sei und glaubte mir diese Story lange Zeit auch.

Doch wenn ich damals einen echten Blick in mein Inneres geworfen hätte, hätte ich erkannt, wie *wenig wunderbar* mein Leben tatsächlich war. Aber anstatt nach Innen zu sehen, orientierte ich mich am Außen und richtete mein Leben nach den Ansprüchen und vermeintlichen Erwartungen meines Umfeldes aus. In allen Lebensbereichen wollte ich glänzen, niemanden enttäuschen und von allen gemocht werden.

Ich wollte die perfekte Partnerin sein, die für jeden Spaß zu haben ist, nie schlechte Laune hat und ihrem Freund alle Wünsche von den Augen abliest.

Ich wollte die perfekte Angestellte sein, die alle Projekte im Griff hat, der nie Fehler unterlaufen, die auch unter Hochdruck noch glänzend *performt*.

Ich wollte die perfekte Freundin sein, die immer lacht, auf keiner Party fehlt und bei der einfach alles glatt läuft.

Ich wollte die perfekte Tochter sein, die keine Zukunftssorgen hat, mitten im Leben steht und sich immer um ihre Eltern kümmert, wenn es ihnen schlecht geht.

Diese Erwartungshaltung an mich selbst führte dazu, dass ich immer weniger wirklich lebte, sondern nur noch funktionierte. Ich war wie eine Maschine geworden. Ein Roboter, der auf To-Do-Listen, Aufgaben und Erledigungen programmiert war. Ich gab mir selbst keinen Raum mehr für Freude, Leichtigkeit und Freiheit. Stattdessen herrschten Druck, Härte und nur der Wunsch, allen Ansprüchen gerecht zu werden. Zunächst fühlte sich dieses Leben auch noch gut an. Schließlich erhielt ich Lob von meinem Vorgesetzten für mein Engagement, ich wurde von meinen Freunden bewundert, wie ich alles so toll meisterte und fühlte mich selbst gut, wenn ich wieder eine Aufgabe auf meiner To-Do-Liste abhaken konnte.

Doch mit der Zeit verlor ich mich immer mehr in meinem Streben nach Perfektion und Anerkennung und merkte nicht, wie meine Lebensfreude langsam aus mir wich. In meinem Alltag, in dem ich mich von einer selbst auferlegten Pflicht zur nächsten hangelte, achtete ich nicht darauf. Auch nicht, als mein Körper mir immer wiederkehrende kleine Warnsignale schickte: Rückenschmerzen, Appetitlosigkeit und Vergesslichkeit. Ich ignorierte diese Zeichen einfach, indem ich noch mehr arbeitete, noch strenger zu mir war und Schmerzmittel einnahm.

Allmählich wuchs zwar das Gefühl in mir, dass etwas nicht stimmte, aber ich konnte und *wollte* es auch nicht erkennen. Ich hatte Angst davor, was mich erwarten würde, wenn ich einmal wirklich innehalten und mich tatsächlich mit den Signalen meines Körpers beschäftigen würde. Ich hatte mir eine perfekte Version meines Lebens aufgebaut und da müsste es mir doch schließlich gut gehen. Nachdem ich über Monate hinweg die kleineren körperlichen

Zeichen nicht wahrnehmen wollte, griff meine Seele zu drastischeren Maßnahmen und ließ mich zusammenbrechen.

Der Tag, an dem nichts mehr ging

Wie plötzlich dicke Steine aus der schon lange bröckelnden Fassade fallen können, hätte ich nicht erwartet. Es war ein Tag im April, an dem nichts mehr ging. Nachdem ich aufgewacht war, lag ich im Bett und spürte: Ich kann nicht mehr aufstehen. Ich wollte mich zwingen, meine letzten Reserven zu mobilisieren, doch es ging nicht. Es war vorbei.

Mein Körper fühlte sich so schwer an. Als würde ein 100 Kilo schweres Gewicht auf jedes einzelne Glied meines Körpers drücken. Eine tiefe Erschöpfung breitete sich aus. Jedes noch so kleinste Fünkchen Energie war aus meinem Körper gewichen. Ich blieb in meinem Bett liegen und spürte eine Welle unendlicher Traurigkeit anrollen.

Es fühlte sich an, als wenn mein Herz brechen würde, so sehr schmerzte es. Ich erschrak selbst über die Wucht meiner Gefühle, aber auch Gedanken wie *Jetzt atmest du tief durch und dann wirst du dich langsam wieder beruhigen* halfen nichts. Alle meine inneren emotionalen Mauern brachen in sich zusammen und ich lag stundenlang mit Weinkrämpfen im Bett. Ich war zu nichts mehr in der Lage. Ich konnte weder aufstehen und den kurzen Weg zum Fenster gehen, um frische Luft reinzulassen, noch mich anziehen oder etwas essen. Alles, was sich über Tage, Monate und sogar Jahre in mir an Wut, Trauer und Angst angestaut hatte, bahnte sich schonungslos und heftig seinen Weg an die Oberfläche.

Mein Freund war überrascht, als er mich an jenem Tag im April noch immer im Bett vorfand. Er wollte mir helfen, aufzustehen.

Sprach mir gut zu und versuchte mich zu beruhigen – doch nichts half. Tief in mir wusste ich, dass ich jetzt erst Raum schaffen musste für alles, was ich so lange Zeit zurückgehalten hatte. Ich musste mich der traurigen Gewissheit stellen, dass ich immer eine makellose Maske getragen hatte – die in diesem Moment komplett zerbrach – anstatt mein wahres Ich zu leben. Zudem hatte ich mit meinem Verhalten unbewusst dazu beigetragen, dass meine Depressionen wieder zurückgekehrt waren. Die Krankheit, die ich bereits seit meiner Jugend kannte und immer wieder geschafft hatte, im Zaum zu halten, zeigte sich wieder in einer Schonungslosigkeit und Intensität, die ich nur selten zuvor erlebt hatte.

Die Traumversion meines Lebens hatte sich in einen Alptraum verwandelt und alles in mir zeigte mir nun auf einen Schlag, wie sehr ich zur Verwirklichung dieses Traumes mich selbst aufgegeben hatte. Mehrere Tage vergingen, an denen ich außer Weinen und Schlafen nichts anderes tat. Ich merkte das erste Mal seit langem, wie erschöpft und ausgelaugt ich eigentlich war.

Am vierten Tag, an dem ich nur im Bett gelegen hatte, fasste ich den Entschluss, dass ich etwas verändern musste. Nach Jahren der Selbstverleugnung beschloss ich endlich aufzuhören, mich selbst anzulügen, und anzufangen, in mein Inneres zu blicken. Ich wusste nicht mehr, wer ich wirklich war und was ich wirklich wollte. Das galt es, herauszufinden.

Rückblickend kann ich nicht mehr ausmachen, wann der Wandel von einem Leben voller Freude zu einem reinen Funktionieren stattgefunden hatte und warum. Vielmehr sah ich, dass dieser Prozess schleichend fortgeschritten war und ich ihn wahrscheinlich aus diesem Grund auch nie bewusst wahrgenommen hatte. Es brach mir das Herz zu sehen, wie ich mit mir selbst umgegangen war. Ich war so auf das äußere Erscheinungsbild meines Lebens bedacht gewesen, die gute Freundin, Mitarbeiterin, Tochter und Partnerin zu sein, dass ich vergessen hatte, zu dem wichtigsten Menschen in meinem Leben gut zu sein: zu mir selbst. Ich wollte so sehr von allen gemocht und geliebt werden, doch mich selber liebte ich nicht. Ich musste erkennen, dass ich mich vollkommen vernachlässigt hatte.

Diese Entscheidung hatte ich nie wirklich bewusst getroffen. Aber ich erkannte, dass jedes Mal, wenn ich meine innere Stimme zum Wohle anderer Menschen übergangen hatte und den Bedürfnissen und Wünschen meines Körpers, Geistes und meiner Seele keine Beachtung geschenkt hatte, das Mitgefühl mit mir selbst immer mehr verkümmerte. Folgende Sätze sagte ich mir viel zu oft:

Ach, stell dich nicht so an. So schlimm sind deine Kopfschmerzen doch nicht, du nimmst einfach eine Aspirin, dann geht das schon wieder.

Jetzt reiß dich zusammen. Schau dir doch dein Leben an. Dir geht's doch gut. Was bist du denn jetzt traurig? Gibt doch keinen Grund dafür.

Schlafen und dich entspannen kannst du doch auch noch am Wochenende. Sag deinen Freunden nicht ab. Das wird sie nur verärgern.

Jedes Mal überging ich mit diesem inneren Monolog mich selbst.

Der Blick in meine Seele war sehr schmerzhaft. Es tat weh, zu erkennen, dass ich mein Inneres durch Perfektionismus in eine trostlose Ödnis verwandelt hatte, zu der ich keinerlei Bezug mehr hatte. Ich versprach mir selbst, mich ab sofort gut um mich zu kümmern und alles dafür zu tun, damit ich nie wieder so einen Zusammenbruch erleiden müsste.

Den Samen des Selbstmitgefühls wachsen lassen

Das war jedoch leichter gesagt als getan. Wo fange ich an, wenn ich mir selbst jahrelang kein Gehör geschenkt hatte? Wie kann ich wieder eine gute Beziehung mit mir selbst führen? Wie praktiziere ich Selbstmitgefühl? Alles Fragen, auf die ich keine Antwort wusste. Ich wusste nur, dass es nicht leicht sein würde und Zeit bräuchte.

Auf der Suche nach Antworten begann ich Bücher, Artikel und Studien zum Thema Selbstliebe und Selbstmitgefühl zu lesen. Bei meiner Lektüre stellte ich fest, dass es „zum Glück" bereits einige Menschen vor mir gab, die sich teils aus eigenen Erfahrungen, teils aus wissenschaftlichem Interesse mit diesen Themen beschäftigt hatten und ich keineswegs die Einzige war, die ihren Weg zurück zu einer liebevollen Beziehung mit sich selbst finden wollte. Ich ließ mich auf die verschiedensten Möglichkeiten ein, um den Samen des Selbstmitgefühls endlich in mir wieder wachsen zu lassen.

So erstellte ich zunächst eine Übersicht mit all meinen täglichen und wöchentlichen Aktivitäten und Aufgaben und fragte mich bei jedem einzelnen Punkt auf dieser Liste:

Bringt mir das Freude oder raubt es mir Energie? Würde ich diese Aufgabe immer noch erledigen bzw. dieser Tätigkeit weiterhin nachgehen, auch wenn ich von meinem Umfeld keinerlei Reaktion darauf bekommen würde?

Mittels dieser zwei Fragen konnte ich schnell sehen, wie erschreckend groß der Anteil in meinem Leben war, der dem reinen Funktionieren unterworfen war. Es gab nur wenige Bereiche in meinem Leben und Momente im Alltag, die mich tatsächlich glücklich machten und mir Erholung schenkten.

Dieses fehlende Gleichgewicht wollte ich wiederherstellen und beschloss, täglich mehr Freude in mein Leben fließen zu lassen, indem ich mir ganz bewusst etwas Gutes tat. Zunächst war es für mich aber ein absolut komisches Gefühl, jeden Tag schöne Aktivitäten einzuplanen, da sich in diesen Momenten immer gern die kritische Stimme in mir meldete und sagte:

Das hast du dir doch gar nicht verdient. Du hast doch nichts geleistet. Wofür willst du dich belohnen? Oder: *Erst erledigst du alle To-Do's und wenn du dann noch Zeit hast, dann kannst du das machen, worauf du Lust hast.*

Obwohl ich mich nach jeder angenehmen Aktivität stets glücklich und erholt fühlte, ließ mein innerer Kritiker nicht locker. Ich musste immer wieder diese Stimme sanft, aber bestimmt zur Seite schieben. Denn ich wusste, wenn ich auf sie hören würde, wäre das der erste Schritt zurück in mein altes Leben voller Stress und Traurigkeit.

Stattdessen versuchte mich selbst mit dem liebevollen Blick meiner besten Freundin zu sehen. Durch diesen Perspektivwechsel sah ich oft klarer, dass ich mich selbst sabotierte.

Nur ich muss mich mögen

Um mir selbst zu zeigen, wie wichtig ich mir war, und um meinem inneren Kritiker Einhalt zu gebieten, fing ich an, mir täglich kleine und wöchentlich größere *Me-Dates* in meinen Kalender einzutragen und diese Zeitfenster dann auch wirklich regelmäßig für mich zu nutzen. Mit jedem dieser Dates, auch wenn es nur eine fünfminütige Meditation war, wurde die kritische Stimme schwächer und meine Selbstliebe wuchs.

Zudem fing ich an, auf meine Ressourcen zu achten und Aktivitäten, die mich Kraft kosteten und keine Freude brachten, langsam in meinem Alltag zu reduzieren oder sogar vollständig zu streichen.

Ich lernte, in meinem privaten Umfeld *Nein* zu sagen und stellte fest, dass die meisten meiner Freunde dadurch nicht wütend wurden oder enttäuscht von mir waren, sondern eher Verständnis für meine Absage zeigten. *Wow! Was für eine Erkenntnis.* Stück für Stück versuchte ich anschließend, auch in meinem beruflichen Alltag Grenzen zu setzen, zusätzliche Aufgaben abzulehnen und aufzuzeigen, dass meine Kapazitäten und Ressourcen begrenzt waren. Obwohl ich bei meinen Kollegen durch mein Verhalten nicht nur auf Zustimmung, sondern auch auf Kritik und Unverständnis stieß, versuchte ich immer mein eigenes Wohlbefinden im Blick zu behalten. Es dauerte mehrere Monate, bis ich auch hier einen Wandel spüren konnte und ich von den meisten Kollegen für meine Entscheidungen und damit verbundenen Absagen an zusätzliche Projekte akzeptiert wurde.

Durch die zahlreichen Veränderungen in meinem Leben und ein von mir selbst entwickeltes ganzheitliches Konzept konnte ich letztendlich meine Depressionen überwinden und wieder in Einklang mit meinem Körper, meinem Geist und meiner Seele gelangen.

Und heute? Heute gehe ich weiterhin behutsam und liebevoll mit mir um. Auch wenn es natürlich Zeiten gibt, in denen ich Gefahr laufe, wieder in meinen *Funktionieren-Modus* zu fallen. Wieder zum programmierten Roboter zu mutieren.

Doch ich habe gelernt, auf mich zu achten und sehr bewusst mit meinen Gedanken, Gefühlen und körperlichen Signalen umzugehen. Ich nehme mir ganz bewusst Auszeiten, höre in mich hinein und suche eine Aktivität, die mir guttut.

Ich lese einen Roman meiner Lieblingsautoren Haruki Murakami oder T.C. Boyle, nehme ein heißes Bad, gehe mit meinen Hunden spazieren, koche mir etwas Leckeres, schaue mir im Kino einen schönen Film an oder gönne mir eine Massage. Auch versuche ich eine gesunde Balance zwischen Anforderungen und Erwartungen im

Außen und meinen eigenen Wünschen, Bedürfnissen und Ressourcen zu halten. Im Alltag halte ich immer wieder inne und höre bewusst in mich hinein:

Wie fühle ich mich gerade?

Wie geht es mir?

Was könnte ich jetzt in diesem Moment tun, um mir selbst eine kleine Freude zu machen?

Ich habe erkannt, dass Selbstliebe und Selbstmitgefühl nicht nur die Schlüssel zu meiner Gesundheit sind, sondern die Essenz für ein glückliches Leben darstellen.

Heute möchte ich nicht mehr perfekt sein. Heute muss mich nicht mehr jeder Mensch mögen. Heute ist es mein Ziel, jeden Tag ein Stück mehr meine eigene beste Freundin zu werden und in tiefer Freundschaft mit mir selbst zu leben.

Elisabeth Ziegler

Team Fair Coachings, Logopädin & Writerin

Wohnt in Hamburg

Bietet Co-Creation und Selbstwirksamkeitsmomente für Kinder & Jugendliche und viel Offenheit für neue Projekte an.

Elisabeth in 3 Worten: In kindlicher Freude!

„Ich spüre, wie diese glühende Kraft zu mir zurück-fließt und ein Feuer mich lebendig macht. Anfangs zittere ich noch. Schreie, fluche und weine, wenn sie kommt. Die Wut überrumpelt mich noch, denn es ist das erste Mal in meinem Leben, dass ich sie offen zulasse."

Grenzen.los

Das Leben ändert sich schnell.

Das Leben ändert sich in einem Augenblick.

Man setzt sich zum Abendessen und das Leben,

das man kennt, hört auf.

- Joan Didion

Szene 1: Überraschung kurz vor Weihnachten

Ich schluchze wie ein kleines Kind. Ich kann nicht mehr aufhören. Ich weiß, dass irgendetwas ganz und gar nicht stimmt. Ich weiß, dass es nicht richtig ist, was gerade passiert. Ich weiß, dass ich diese Situation dringend verändern oder verlassen muss.

Ich habe aber keine Strategie.

Ich habe dieses Gespräch schließlich selbst gesucht. Habe mir eingestanden, dass ich etwas falsch gemacht haben muss und will auf die Gegenseite zugehen. Doch ich habe einen Riesenkloß im Hals.

Also bleibe ich höflich sitzen und höre mir an, was zwei erwachsene Menschen über mich zu sagen haben:

Wir waren schon oft zu Gast, aber so komisch war es noch nie!

Wir fühlen uns unwillkommen durch dein Verhalten.

Wir haben das Gefühl, du versteckst dich vor uns.

Bei allem, was wir sagen, haben wir das Gefühl, in ein Fettnäpf-
chen zu treten.

Wenn wir das Geld hätten, hätten wir schon längst die Koffer ge-
packt und wären weg!

Wow. Solche Sätze habe ich noch nie in meinem Leben gehört. Ich
bleibe fasziniert und still sitzen, wie ein Reh im Scheinwerferlicht.

Sag es uns ruhig, wenn du uns nicht magst!

Dein Freund wird dich verlassen, weil du nicht sagen kannst, was
in dir vorgeht!

Du willst doch wohl, dass seine Eltern ihn besuchen können.

Du bist sehr, sehr, sehr unsicher.

Wir sagen dir das, damit es dir hilft und du dich verändern
kannst.

Sag deinem Freund nichts davon, es ist eine Angelegenheit zwi-
schen uns und er soll damit nicht belastet werden.

Autsch. Was ist das denn? Meinen sie wirklich mich? Wie ist es nur
so weit gekommen? Ist das wirklich mein Leben? Ist das mein Körper, der erstarrt auf dem Stuhl sitzen bleibt, sind das meine Ohren,
in denen die Alarmglocken schrillen? Sind das meine Augen, die von
Verachtung
gezeichnete Blicke sehen? Ist das mein Kopf, der mir in leuchtenden
Großbuchstaben ABFUCK über das gesamte Szenario schreibt?

Ja. Und dieser Körper signalisiert mir, dass ich jetzt ganz dringend
diese Wohnung verlassen muss. Mich in Sicherheit bringen muss.
Schnell meine Wintersachen überwerfen und Hals über Kopf fliehen
muss. Das ist ein Notfall.

Das Problem ist: Das ist meine Wohnung.

Und: Das sind die Eltern meines Freundes, von denen ich weg will.

Und die liebt er sehr.

Szene 2: Wo ist Zuhause?

Abendbrot. Es riecht nach Spinat und frischem Blätterteig. Als mein Freund und ich wieder in unsere Wohnung kommen, steht das Essen schon fertig auf dem Tisch. Seine Mutter hat gekocht. Alles wirkt warm und gemütlich. Es könnte so schön sein.

Ist das eben wirklich passiert?

Können wir nicht einfach so tun, als wäre nichts gewesen?

Nein, das wird nicht gehen, denn mein Körper spielt verrückt. Alles tut weh. Ich bin eine einzige offene Wunde. Fühle mich wie ein zum Schlachten ausgeliefertes Lamm, als ich mich entschuldige.

Was??? Ja, ich betone es an dieser Stelle gerne nochmal: *Ich* entschuldige mich.

Als mir dann auch noch das Wort abgeschnitten wird - „Wir brauchen nicht nochmal darüber reden. Wir tun einfach so, als wäre nichts gewesen..." - flammt ein Schmerz wie ein Schwerthieb in mir auf – Wut! Ich bin bereitwillig in die Höhle des Löwen zurückgeführt worden.

Ich setze mich an den Tisch mit zwei Menschen, von denen ich eben eingeschüchtert und abgelehnt wurde. Die mir offen gezeigt haben, dass ich nicht richtig bin.

Ich funktioniere nur oberflächlich. Mein Kopf ist aus. Die Kehle zugeschnürt. Mein Bauch tut so, als säße ich in einem Flugzeug, das in einem ewigen Luftloch fällt, fällt, fällt. Mein Körpergefühl stürzt immer wieder ab. Heiß und kalt. Kalt und heiß. Ich bin wie betäubt.

Ist das noch unsere Küche?

Ist das noch unser Tisch?

Der Spinat klebt an meinem Gaumen.

Ich schmecke nichts.

Alles ist fremd.

Wie ist es dazu gekommen, dass ich mich entschuldige? Ich erinnere mich daran, wie ich nach dem Gespräch mit seinen Eltern in die nächtliche Dunkelheit floh, um nachzudenken. Mein Freund war mir gefolgt.

„Was würdest du denn in meiner Situation machen? Ich kann doch meine Eltern nicht rauswerfen!" Er klang verzweifelt. Mir stockte der Atem. Da war kein Platz mehr. In mir. Für mich. Meine Gedanken liefen davon. Ich hörte mich aus der Ferne sagen: „Nein, das würde ich doch auch nie von dir verlangen."

Also nahm ich mich zusammen, ließ mein Inneres als kleines, weinendes Kind unter der Straßenlaterne stehen und schlug vor, dass ich mich entschuldigen werde. Ich verließ mich selbst. Wurde eine Hülse. Für meinen Freund. Um ihn zu schützen. Zumindest ist das der Vorwand für mein Handeln. Ich dachte, ich müsste das tun. Damit es weitergehen kann.

Doch in mir steht alles still.

Wie kannst du nur! Das ist zu viel!

Höre ich drei Menschen zischen.

Wie kann ich nur!

Höre ich es in mir schreien.

Wie kann ich mir das nur antun?

Szene 3: Bis hierhin...

Wer sich einmal auf den Weg gemacht hat, kann nicht mehr zurück. Der Blick ist verändert. Die Wahrnehmung ist nicht mehr dieselbe. In allem liegt viel mehr verborgen, als es im ersten Moment scheint. Es geht tief und tiefer. Das Scheinwerferlicht ist beweglicher und der Fokus ändert sich. Aus einer richtig beschissenen Situation wird auf einmal etwas ganz Neues. Eine Chance.

Wie kann ich mir das nur antun?

Mit 21 Jahren habe ich mir diese Frage das erste Mal gestellt. Auslöser war eine äußerst schmerzvolle On-Off-Beziehung. Ich merkte, dass ich die Bedürfnisse meines damaligen Freundes über meine stellte. Ich konnte nicht mehr trennen, wo seine anfingen und meine aufhörten. Ich verschmolz mit ihm und hing dadurch sehr lange an dieser Geschichte. Bis ich einsah, dass wir nicht die gleiche Person sind. Dass mein Leben sich so entwickeln darf, wie *ich* es möchte. Dass ich auf niemanden warten brauche, der mir ein bestimmtes Gefühl gibt. Dass es mir gut gehen darf. Diese Erlaubnis dafür muss einzig und allein *ich* mir geben.

Also ging ich allein ins Restaurant, ins Kino, in Ausstellungen. Führte mich selbst aus, so oft es ging. Fuhr im Sommer 2016 erstmals allein in den Urlaub. Suchte mir neue Herausforderungen. Ich nahm mein großes Bedürfnis nach Ruhe und Rückzug ernst und zog in eine Ein-Zimmer-Wohnung. Kaufte mir selbst Blumen und schöne Unterwäsche. Verbrachte ganze Tage in der Natur oder im Bett. Schrieb alles auf, was mir durch den Kopf ging. Weinte, wenn ich weinen wollte. Ließ alte Freunde hinter mir und lernte neue kennen und lieben. Lernte, dass es bei mir sehr lange dauert, bis ich etwas wirklich verarbeitet habe.

Wie kann ich mir das nur erlauben?

Dann rebellierte mein Körper. Er juckte und kratzte und machte gnadenlos auf sich aufmerksam. Neurodermitis. Eine Abgrenzungskrankheit, wie ich in den folgenden Monaten lernte, die mich schon mein ganzes Leben lang begleitet. Im schlimmsten Moment hatte ich zwei komplett offene, nässende Wunden als Hände und konnte sie die nächsten Wochen nicht richtig benutzen. Ich wimmerte und fuhr nach Hause zu meinen Eltern.

Ich konnte die Wunden an den Händen nicht immer verbergen und machte mich deshalb überall nackig damit, dass es mir nicht gut ging. Und so hatte ich bis zum nächsten Sommer immer knallrote Haut mit offenen Stellen und schlaflose Nächte, in denen ich verzweifelt versuchte, dem Juckreiz nicht nachzugeben. Auf der Arbeit wurde ich von allen möglichen Menschen darauf angesprochen. Ich konnte das Thema offensichtlich nicht umgehen.

In dieser Zeit kam ich mit meinem jetzigen Freund zusammen, mit dem es auf einmal leicht war. Ein aufmerksamer, liebevoller Mann, der in jedem unserer Konflikte selbstreflektiert auftrat. Er war der einzige Mensch, der mir in seiner Anwesenheit Ruhe und Platz ließ und von dem ich mich nicht unter Druck gesetzt fühlte. Ich wollte nun von Anfang an ausstrahlen, dass ich, bei aller Zuneigung und Liebe ihm gegenüber, für mich an erster Stelle stehe. Dass ich mich gut um mich selbst kümmern kann und viel Zeit für mich brauche. Dass es meine größte Angst ist, wieder meine Bedürfnisse zu übergehen. Ich habe von Anfang an Verantwortung für mich selbst übernommen. Und trotzdem bin ich oft unsicher gewesen, wie das wohl ankommt.

Was stimmt für mich?

Ich setzte mich ausführlich mit meiner Ernährung auseinander. Erfuhr, was Darmgesundheit mit Hautgesundheit zu tun hat. Kochte ausschließlich mit Lebensmitteln, die gut für mich sind, und probierte Nahrungsergänzungsmittel aus. Plante verschiedene Entspannungsübungen in meinen Tagesablauf ein. Wurde an fünf von sieben Tagen die Woche Veganerin. Es gab gespaltene Meinungen darüber in meinem Umfeld. Doch die Symptome wurden besser und ich war stolz auf mich.

Im Herbst 2018 wurde ich von mehreren Seiten mit dem Wort hochsensibel beschrieben, unter anderem von meiner damaligen Chefin. Meine Friseurin meinte, dass meine Kopfhaut sehr gestresst aussehe und dass das in meinem Alter eigentlich ungewöhnlich sei. Ich solle aufpassen, dass mir die Haare nicht ausfallen. Mir fiel auf, dass ich mich in meinem Beruf als Logopädin verausgabte. Ich habe von Anfang an intensive Fälle übernommen und wurde für mutig gehalten. Ich habe es geliebt, das gesamte System um ein Kind herum verstehen zu lernen. Ich schrieb sehr ausführliche Berichte und machte dafür Überstunden. Meine Arbeit ist persönlich und sehr wirksam gewesen und ich habe Erfolge erzielt und viel Wertschätzung erfahren.

Wie lange geht das noch gut?

Dafür schlief ich fast immer früh ein und kam morgens trotzdem nicht aus dem Bett. Ich hatte fast gar kein Verlangen mehr danach, mit anderen Menschen, wie meinen Kollegen oder meiner Familie, zu sprechen. Ich sprach doch schon den gesamten Tag bis zu zehn Stunden. Meine Pausen musste ich allein und an der frischen Luft verbringen, um wenigstens ein bisschen zu mir zu kommen. Ich aß zu wenig, weil ich so voll von Eindrücken war und mein Hungergefühl immer erst zu spät bemerkte. Ich kapselte mich ab. Mit der U-Bahn zu fahren überforderte mich. Jedes Gespräch, Geräusch oder Bildschirmlicht brachte meinen Kopf zum Drehen.

Ich merkte, dass ich meinen eigenen Interessen nicht mehr nachging. Wenn ich etwas Neues lernte, dann innerhalb des Arbeitskontextes. Ich zog meinen Selbstwert daraus, wie nützlich und gebraucht ich mich fühlte. Ich lebte für andere Menschen und ihre Familien. Dieser Gedanke sorgte dafür, dass ich immer mehr Unmut, Konflikte und Anstrengung in mein Leben zog.

An meinem Geburtstag fiel meine Oma in ein Loch. Ein psychisches, kein echtes. Sie brach sich kein Bein, sondern bekam eine mittelschwere Depression diagnostiziert. Obendrauf auf einen Berg anderer Diagnosen aus den letzten Jahren. Sie wirkte wie ein kleines Häufchen Elend auf ihrem Riesensofa und wurde immer ängstlicher und dünner. Ich hinterfragte, warum ich so viel Zeit mit fremden Menschen verbrachte, wenn ich doch eigentlich *meiner* Familie beistehen sollte. Also besuchte ich sie pflichtbewusst im Krankenhaus und zu Hause.

Ich reduzierte meine Arbeitsstunden und fühlte, wie ein Stück Leichtigkeit an die Tür klopfte und in mein Leben zurückfand. Ich führte mehrere Gespräche mit meiner Chefin über Arbeitseinteilung und Prioritäten. Darüber, dass ich „zu" genau arbeitete, und mir das immer auf die Füße fiel.

In einem Seminar lernte ich, meine *Grenzen* wichtig zu nehmen und eine klare *Positionierung* gegenüber Gesprächspartnern einzunehmen.

Als ich meine Oma wieder besuchte, verstand ich, dass weder ich noch irgendwer aus meiner Familie sie dazu bringen konnte, etwas zu tun, wozu sie selbst nicht die Kraft fand. Ich sah, dass Gutgemeintes und Verletzendes sehr nah beieinander liegen können. So hart und frustrierend das auch war, keiner konnte ihr Leben für sie leben. Ich konnte nur wieder gut auf mich selbst achten und ihr so gestärkt und aufmerksam meine Zeit widmen. Sie liebevoll betrachten.

Ohne es zu wissen, sorgte meine Oma dafür, dass ich diesen Blickwinkel auf alle meine Beziehungen übertrug. Der Gedanke *Ich muss erstmal gar nichts* brachte mir Ruhe. Ab da an war ich in meinem Job nicht mehr das *Mädchen für alles.* Eines Morgens trafen mich diese Sätze meiner Oma mitten ins Herz: „Ich spüre meine Seele nicht mehr. Ich bin so leer. Ich weiß nicht, was mich interessiert." Und da entschied ich, noch mehr zu ändern.

Für das Jahr 2019 bedeutete das, jeden Monat etwas auszuprobieren, das ich noch nie zuvor getan hatte. Ich begann, meine eigene Familiensituation und Geschichte ernst zu nehmen. Erste Erfahrungen in Seminaren für Persönlichkeitsentwicklung zu sammeln und mit Coaches sowie einer Heilpraktikerin zusammenzuarbeiten. Und dann nahm ich die Magie und Möglichkeiten in meinem Leben wieder wahr.

Ich entfernte mich nach und nach von meinem früheren Leben. Schließlich zog ich sogar mit meinem Freund in eine andere Stadt, um einen Neuanfang in einer gemeinsamen Wohnung zu wagen. *Wachstum* war unser großes Wort. Und wo wächst man mehr als im Unbekannten? Mehr Ruhe, mehr Raum. Drei Zimmer. Eines davon, um genug Abstand voneinander zu bekommen, sollte es nötig sein. Das war meine Bedingung, um zusammenzuziehen.

Ich gab mir Zeit, um anzukommen. Um die Wohnung einzurichten, die Gegend kennenzulernen. Zeit, um neue Projekte zu beginnen - wie dieses Buch. Zeit, um mehrere Bewerbungsgespräche zu führen und eine Stelle zu finden, die sich richtig anfühlte. Um in mich hineinzuhorchen und eine Drei-Tage-Woche auszuprobieren, bei allen Plänen, die ich in diesem Jahr sonst noch umsetzen wollte. Mein Bauch schrie nach Freiraum und eigenen Entscheidungen.

Wieder gab es gespaltene Meinungen darüber in meinem Umfeld. Doch letztendlich muss nur ich damit leben können, kein anderer. Ich weinte, wenn ich mich danach fühlte. Ich fragte nach Umarmungen, wenn ich welche brauchte. Ich machte meinen Kopf und Terminkalender so leer wie möglich. Ich war offen und verletzlich für alles, was sich zeigte.

So weit, so gut. Und dann kam die Woche vor Weihnachten.

Szene 4: ...und nicht weiter

Ich habe überlebt!, denke ich, als ich im Zug sitze. Mein Herz klopft unablässig. Ich muss mehrmals tief durchatmen. Tauche mit dem Blick in die Landschaft ein. Es rattert.

Die Nacht ist furchtbar. Ich kann in unserer Wohnung nicht schlafen und lausche auf jede kleinste Regung im Dunkeln. Denke, dass ich in jeder Sekunde von seinen Eltern angegriffen werden könnte, obwohl mein Freund seinen Arm die ganze Zeit beruhigend um mich legt. Ich bin wieder vier Jahre alt und habe Angst vor dem greifenden Monster unterm Bett. Absurde Situation. Immer noch tut alles weh. Und der Arm wird mir zur Last.

Gerädert wache ich auf und ziehe mich trotzdem innerhalb von Sekunden an. Mein Freund hat blöderweise genau heute um 9:30 Uhr eine Verabredung. Kurze Panik. Freier Fall. Loch im Bauch. Ich möchte auf keinen Fall allein bleiben mit unseren Gästen. Ich gehe also zeitgleich mit ihm nach draußen, Frisur egal. Zum Glück geht heute Nachmittag mein Zug, den ich schon vor Monaten gebucht habe, um zu meiner Familie zu fahren.

Wir verlassen die Wohnung zusammen, mein Freund und ich. Wir gehen schnell, Hand in Hand, wie ein Agentenpaar. Und an der Ecke trennen wir uns mit einem kurzen Kuss und gehen in verschiedene Richtungen weiter.

Was mache ich nur? Seine Eltern werden noch drei Wochen hier sein.

Drei.

Fucking.

Wochen.

Ich brauche Hilfe. Ich muss alles erzählen, um wieder klar zu denken. In meiner Verzweiflung rufe ich Freunde an. Sie können kaum glauben, was passiert ist. Ich kann wieder atmen, denn sie schenken mir das Wertvollste in diesem Moment: eine Außensicht. Ich kann wieder glauben, dass ich nicht schuld bin, dass die Verantwortung nicht allein bei mir liegt.

Ich höre den Satz: „Du bist super, so wie du bist. Verändere dich bloß nicht für die." Ich höre das erste Mal, dass es das Thema meines Freundes ist, sich zu positionieren, nicht meines. Etwas, das ich bis eben gefühlt, aber nicht wirklich verstanden habe. Es ist die Aufgabe meines Freundes, nicht nur im Dunkeln seinen Arm um mich zu legen, sondern auch vor seinen Eltern zu mir zu stehen. Ich darf mir das wert sein. Und so ruhe ich mich das erste Mal an einer Stelle aus, an der ich mich sonst vor Unsicherheit und Vorwürfen selbst zerfleischt hätte.

Was hatte ich in den Augen seiner Eltern nur verbrochen? Ich hatte mir morgens Zeit für mich genommen, Zeit, in der ich nicht aus meinem Zimmer kam. Ich hatte mehr als einmal *Nein* zu gemeinsamen Aktivitäten mit seinen Eltern gesagt, weil ich eigene Vorhaben und Termine hatte. Ich hatte getan, was für mich zur täglichen Gewohnheit geworden ist: Selbstmitgefühl praktiziert und darauf geachtet, dass es zuallererst *mir* gut geht.

Bevor ich zum Bahnhof aufbreche, habe ich das Ruder für mich herumgerissen. Ich bin wieder nach Hause gegangen. Und dann habe ich für mich selbst eingestanden. Ich habe für mich gesprochen, als mein Freund es nicht konnte.

Ich sage zu seinen Eltern zum Abschied die Worte: „Ich mag euch. Aber wie ihr mit mir geredet habt, hat mich wütend gemacht und sehr verletzt. Ich hoffe, dass wir das nächste Mal, wenn wir uns sehen, freundlich und respektvoll miteinander umgehen." Ich stehe aufrecht. Ich atme aus. Jetzt geht es mir besser.

Eine Stunde später treffe ich meinen Freund am Bahnhof, um mich von ihm zu verabschieden. Er hat eine tiefe Falte auf der Stirn. Alle drei sind wütend auf mich.

Szene 5 – Gut überleben

Ich will es nicht schön reden. Die nächsten Wochen sind hart.

Mein Freund und ich hören ein paar Tage nichts voneinander. Und dann streiten wir. Erst am Telefon, und dann als seine Eltern weg sind und ich vom spontan verlängerten Besuch bei meiner Familie wiederkomme. Mein Freund hat versucht, sich mein Verhalten zu erklären, aber es hat alles nichts geholfen. Aus Selbstschutz konnte ich deshalb nicht in unsere Wohnung zurückkehren, solange seine Eltern da waren. Wir knallen uns unsere Enttäuschung gegenseitig um die Ohren.

Mein Herz pocht unentwegt und heiß. Ich fühle mich unverstanden. Klein. Unwichtig. Zweifel werden laut. Vorwürfe treffen mich da, wo ich mir selbst welche mache. Und auch Trauer, Angst, Scham und Schuldgefühle plappern dazwischen: *Sollte ich nicht auf seine Eltern zugehen? Vielleicht liege ich falsch? Vielleicht bin ich wirklich nicht gut für ihn? Ich hätte doch früh genug sagen müssen... Ich habe nicht genug... Ich verstehe doch, wieso sie auf diese Weise reagiert haben.*

Ich könnte an dieser Stelle weitermachen und betonen, wie schlimm alles war. Dass ich für anderthalb Monate dachte, mein Freund würde mich jede Sekunde verlassen. Dass ich in einer neuen Stadt in einem riesigen Konflikt festsaß und diesem ununterbrochen und roh ausgesetzt war. Dass ich mich allein fühlte. Dass mich der Satz „Also *ich* würde mir das ja nicht gefallen lassen" wie ein Widerhaken piekste und an meinem Selbstwert kratzte.

Doch dann würde ich den spannendsten Teil auslassen. Denn die Wahrheit ist, dass es für mich sehr wichtig war, diese Erfahrung zu machen.

Ich möchte vor allem dies im Streit: Raum geben, zuhören, mitfühlen, verständnisvoll sein. Doch während ich alles für meinen Freund zulasse, vergesse ich mich selbst.

Während meine Grenzen überschritten werden, spüre ich genau hin. Ich versuche, meine Bedürfnisse klarzumachen. Ich werde nicht verstanden. *Fuck.*

Und dann begreife ich langsam, dass ich einen wichtigen Schritt ausgelassen habe: Wütend zu sein. Ich bin nie wütend, da ich mich in alle Seiten hineinversetzen kann. Für meinen Selbstwert und meine Selbstachtung ist das jetzt aber absolut notwendig. Ich fühle mit mir. Ich schütze mich. Die Fragen an mich klingen nun anders: *Will ich diese Beziehung? Muss ich mir das bieten lassen? Warum lässt er sich so verunsichern und zweifelt an uns? Bin ich ihm nicht mehr wert?*

Da. Ich spüre, wie diese glühende Kraft zu mir zurückfließt und ein Feuer mich lebendig macht. Anfangs zittere ich noch. Schreie, fluche und weine, wenn sie kommt. Die Wut überrumpelt mich noch, denn es ist das erste Mal in meinem Leben, dass ich sie offen zulasse.

Ich darf auch mal der Arsch sein. Ich darf mich auch mal daneben benehmen und verletzen. Ich muss nicht immer korrekt sein, ich muss mich nicht ständig anstrengen, um gemocht zu werden. Ich darf loslassen. Ich darf mich sicher in mir selbst fühlen.

Und dann. Mache ich die wahrscheinlich großartigste Erfahrung. Ich merke, dass auch das in unserer Beziehung Platz hat. Alles hat Platz. Jede Facette von uns beiden, egal, wie hässlich und schwer. Ich darf alles von mir zeigen. Mein Freund darf alles von sich zeigen. Und in unseren Grenzen werden wir grenzenlos.

Ich sehe dich. Und du siehst mich. Genau hier treffen wir uns wieder. Das ist das schönste Gefühl von allen.

Eva Eulenstein

Co-Active Coach & Personalentwicklerin

Wohnt aktuell in Valencia, Spanien. Lebt als Nomadin.

Bietet Berufungs- und Karrierecoaching, Quarter Life Coaching an.

Eva in (fast) 3 Worten: Ansteckendes lautes Lachen, mutig und verträumt

„Der Schmerz ist unvermeidbar, doch das Leiden ist freiwillig. Und ich will nicht unnötig leiden. Lieber trainiere ich meinen Resilienz-Muskel wie im Fitnessstudio den Bizeps."

CEO meines Lebens

Mit 25 Jahren ging ich unter der Woche zur Arbeit, schrieb an den Wochenenden meine Masterarbeit und versuchte, meine weit entfernt lebende Familie so oft wie möglich zu besuchen. Puh, das war mein Leben mit Mitte Zwanzig.

Für den Job war ich in eine fremde Kleinstadt gezogen. Mein erster Job und dann gleich in der Personalentwicklung eines internationalen Konzerns - ein Traum! Gleichzeitig versuchte ich, meiner Familie gerecht zu werden. Mein Vater war an Krebs erkrankt und ich wollte für ihn da sein. Anstatt mir diese Zeit zu gestatten, um sie mit meinem Vater und meiner Familie zu verbringen, dachte ich: Du musst funktionieren und Leistung bringen. Im Studium und im Beruf. Mein innerlicher Druck war stark. Ich hatte Angst, nicht gut genug zu sein und den beruflichen Anforderungen nicht entsprechen zu können. Heute weiß ich, dass viele von diesen Erwartungen, die ich empfand, von meinem Umfeld niemals ausgesprochen wurden. Ich habe sie einfach an mich selbst gestellt.

Von montags bis freitags arbeitete ich also im Unternehmen und am Wochenende am Schreibtisch zuhause. Über meine Masterarbeit gebeugt gab es oft Momente, an denen ich einfach weinte. Perfektionismus und hohe Anforderungen an mich selbst blockierten mich. Bis ich an dem Punkt war, mich meiner Familie, Freunden und meinem Partner anzuvertrauen und um Hilfe zu bitten. So wurde mein Berg von Arbeit Stück für Stück weniger und ich fühlte mich mehr verstanden.

Mir wurde klar, dass ich das Studium und die Abschlussarbeit für mich machte und nicht für meinen Professor. Ich durfte über das schreiben, was mich begeisterte. Das war toll!

Kurz vor meinem Masterabschluss starb mein Vater. Vorher gab ich ihm das Versprechen, weiter meinen Weg zu gehen. Das gab mir viel Kraft weiterzumachen, trotz der tiefen Trauer. Morgens auf dem Weg zur Arbeit hatte ich eine Reihe von kleinen Gebeten und Mantren, die ich immer wieder in Gedanken durchging und die mir geholfen haben, durch den Tag zu kommen und weiter zu machen. Besonders in den Wochen nach der Trauerfeier half mir das sehr.

Ein Text, den ich in einer neuen lutherischen Übersetzung der Bibel gelesen habe, hat mich inspiriert. Der Text erzählt davon, dass alles seine Zeit hat. Jedes Ereignis im Leben und auf der Welt ist vergänglich und von allem gibt es zwei Seiten: Wir werden geboren und sterben. Pflanzen blühen und vergehen. Es gibt Krieg und Frieden, Liebe und Hass, Umarmen und Loslassen. Anstatt zu kontrollieren, können wir uns diesem Lauf des Lebens hingeben, denn er wird so oder so geschehen.

So kam ich zu dem Schluss, dass es für den Menschen nichts Besseres gibt, als das Leben voll und ganz anzunehmen und dabei fröhlich zu sein und es zu genießen.

Diese Erkenntnis hat mir auch eine neue Perspektive auf meine Arbeit gegeben. Heute weiß ich, dass ich nicht auf die Rente hinarbeite, während der ich dann endlich reisen und meinen Hobbies nachgehen kann. Nein, ich verschiebe nichts mehr auf später, sondern gestalte mein Leben und meinen Beruf schon jetzt so, dass es mir und den Menschen in meinem Leben Freude, Wachstum und Freiheit bringt.

Doch als Berufseinsteigerin habe ich mir sehr viele Gedanken darum gemacht, alles richtig zu machen: Was erwartet meine Chefin von mir? Was denken die Kollegen? Mache ich alles richtig? Meine Kollegen haben meine Sorgen nicht mitbekommen, weil ich es für unprofessionell hielt, „Schwäche" zu zeigen. Als ich mir für die Trauerfeier meines Vaters ein paar Tage frei nahm, erfuhr ich sehr viel Anteilnahme und Mitgefühl von meinen Kollegen. Damit hatte ich nicht gerechnet. In mir entstand das Gefühl, angenommen zu werden, wie ich bin. Ihr Mitgefühl verband mich auf einer ganz neuen Ebene mit meinem Team. Heute habe ich ein tiefes Verständnis für Menschen, die durch Krisen gehen oder Schicksalsschläge erleben.

Mein Quarter Life Breakthrough: die Krise Ende Zwanzig

Vor ein paar Jahren, ich war Ende 20, fing eine innere Unzufriedenheit an, sich ihren Weg zu bahnen. Ich nenne diese Phase in meinen Coachings *Quarter Life Breakthrough*. Sie bezeichnet die Lebenszeit zwischen dem 25. und 35. Lebensjahr. In diesem Alter haben wir das Bildungssystem durchlaufen, das Elternhaus verlassen, erste berufliche Erfahrungen gesammelt, Beziehungen geführt und treffen oft das erste Mal grundlegende Entscheidungen, die nicht durch Eltern, Schule oder das System vorgegeben werden. In dieser Zeit bestimmen wir grundlegend, wie die nächste Lebensphase aussehen wird.

Oft stellen wir uns existentielle Fragen wie:

Habe ich die für mich richtigen Entscheidungen getroffen?

Wie möchte ich leben?

Wie finde ich meine Berufung?

Passt die Stadt, in der ich lebe, zu mir?

Diese Fragen habe auch ich mir in meiner Unzufriedenheit auch gestellt. Und habe angefangen, andere Entscheidungen zu treffen. Zum Beispiel mich mit gesunder Ernährung und Bewegung intensiver zu beschäftigen, um herauszufinden, wie ich mehr in meine Kraft komme. Ich habe angefangen, mich selbst besser kennenzulernen und erkannt, welche individuellen Stärken, Lernfelder und Antreiber ich habe, um wieder in Balance zu kommen.

Ich habe erkannt, dass ich selbst die Verantwortung trage, wie ich durch mein Leben gehe. Und ich habe erkannt, dass Stress und Druck hausgemacht sind, da sie durch meine eigenen Gedanken, Glaubenssätze und Gewohnheiten verursacht werden.

Im Jahr 2018 ging ich noch weiter und beschloss, meinem Traum nachzugehen und ortsunabhängig zu arbeiten. Ich liebe fremde Kulturen, möchte jeden Tag etwas Neues lernen und entdecken, frei sein und meine Zeit sinnvoll gestalten. Dieser Entscheidung folgten weitere: Mein langjähriger Partner und ich trennten uns, ich kündigte meinen Job und meine Wohnung. Und machte mich als Trainerin und Coach selbstständig.

Ich bin mein eigener CEO

Durch diese vielen Veränderungen gab ich mir endgültig die Erlaubnis, CEO (Chief Executive Officer) meines Lebens, also meine eigene Geschäftsführerin, zu sein. Als CEO meines Lebens probiere ich mich noch heute aus und lerne jeden Tag dazu: Ich manage meine Finanzen selbstständig, gewinne Kunden und gestalte meine Arbeitszeit selbst. Ich reise viel und arbeite an den für mich schönsten Orten dieser Welt: Lissabon, Athen oder Katmandu.

Viele fragen mich, ob ich beruflich reise oder Urlaub mache. Ich antworte: *Beides!* Ich reise an Orte, um dort zu arbeiten, Kunden zu besuchen oder einfach auf Entdeckungstour zu gehen.

Meine Coaching-Klienten bekommen von mir die volle Unterstützung und Mut, kraftvolle Entscheidungen zu treffen und ihr Leben, ihren Beruf und ihre Beziehungen nach ihren eigenen Werten zu gestalten. Menschen in Organisationen unterstütze ich dabei, sich selbst und andere achtsam zu führen.

In meiner noch jungen Selbstständigkeit ist Selbstmitgefühl unverzichtbar - besonders, wenn etwas nicht so läuft, wie geplant. Nehmen wir eine Situation letztes Jahr in Portugal: Dort hatte ich mein Handy kaputt gemacht und wichtige Daten verloren. Erstmal geriet ich in den Panikmodus, war wütend und genervt von meiner Unachtsamkeit.

In diesen Situationen hilft es mir, tief ein- und auszuatmen und mir den Leitsatz von Marie Forleo, einer US-amerikanischen Unternehmerin, in Erinnerung zu rufen: „Everthing is figureoutable". *Alles ist lösbar.* Ich nehme also an, was passiert ist, tröste mich selbst und suche dann nach Lösungen. Sachen sind ersetzbar, Menschen nicht. Ein paar Tage später hatte ich ein neues Handy und das Wichtigste wieder eingerichtet.

Durch diese kleinen und großen Hindernisse werde ich erfinderisch: Wenn etwas nicht funktioniert, probiere ich einen anderen Weg. Es gibt für alles eine Lösung. Da kommt ein weiteres meiner Mantren ins Spiel: "Pain is inevitable. Suffering is optional" (Haruki Murakami, japanischer Autor). *Der Schmerz ist unvermeidbar, doch das Leiden ist freiwillig.* Und ich will nicht unnötig leiden. Lieber trainiere ich meinen Resilienz-Muskel wie im Fitnessstudio den Bizeps.

Mein neuester Fokus liegt auf meinem weiblicher Zyklus. Der begleitet mich zwar schon Jahrzehnte, doch durch das viele körperlich anstrengende Reisen ist mir bewusst geworden, wie mein Körper eigentlich funktioniert. Als Frau lebe ich in einem 28-tägigen Zyklus und habe dadurch nicht jeden Tag die gleiche Energie zur Verfügung. An manchen Tagen bin ich voller Energie, extrovertiert und ausdauernd. Dann habe ich Phasen, in denen ich mehr Zeit für mich brauche. Ruhe, Introspektion, alleine sein. Meinen Monat plane ich nach meinem Zyklus und meinen Bedürfnissen.

Mir ist wichtig, im Einklang mit meinem Körper zu leben und zu arbeiten und mir nicht mein eigenes Hamsterrad in der Selbstständigkeit aufzubauen. Gleiches gilt für meine Freizeit: Wenn ich Ruhe brauche, zwinge ich mich nicht zu einem total anstrengenden Workout, sondern mache lieber sanftes Yin Yoga.

Ich bin perfekt unperfekt

Meine Vergangenheit hat mich gelehrt, mit mir selbst rücksichtsvoller umzugehen und mich so zu zeigen wie ich bin. Mich verletzlich zu zeigen, ist für mich eine große Stärke, gerade im Beruf. Verletzlichkeit verbindet Menschen miteinander, inspiriert dazu, sich zu öffnen und ermöglicht damit ein authentisches und erfülltes Leben.

Für mich bedeutet Selbstmitgefühl, mich selbst wahrzunehmen und anzunehmen, was ist. Es bedeutet, meine Einzigartigkeit zu feiern und mit dem Fluss des Lebens zu fließen. Wir sind alle *perfekt unperfekt* mit unseren Macken und Schattenseiten. Wir haben die Wahl, wie wir auf Rückschläge, Herausforderungen und *Fuck-ups* reagieren. Und die dürfen sein, denn sie gehören zum Leben dazu. Ohne Schatten gibt es kein Licht.

Auch für Veränderungsprozesse ist Annahme und Selbstmitgefühl essentiell. Nur dann haben wir den Mut loszugehen, etwas Neues auszuprobieren, kreativ zu sein, Fehler zu machen, daraus zu lernen und stärker zu werden. Das ist - wie das Leben selbst - ein Prozess, der sich wie ein Mosaik nach und nach zusammenfügt und immer wieder verändert.

Evas Übung für mehr Selbstmitgefühl

Ich identifiziere die Stimme meines inneren Kritikers. Die Stimme, die ständig nach Fehlern sucht, lieber in der Komfortzone bleibt, ausbremst und kritisiert. Der Trick liegt darin, diese Stimme nicht zu bekämpfen, sondern bewusst wahrzunehmen. Wenn wir erkennen, dass es sich dabei nur um Denkmuster aus alten Zeiten handelt, die uns im Leben nicht wirklich voranbringen, ist ein großer Schritt zur Schwächung der Denkmuster schon erfolgt. Ich sende meinen inneren Kritiker (in meinem Fall eine nörgelige, abwertende Lehrerin) dann gerne zu einem sonnigen Urlaub auf die Bahamas. Sie hat schließlich so hart gearbeitet, dass sie eine Auszeit dringend nötig hat. In dem ich mit Humor reagiere, kann ich mich wieder mit mir selbst verbinden und bewusster handeln.

Probiere es aus und gib deinem inneren Kritiker oder deiner Kritikerin eine Persönlichkeit und nimm es mit Humor. So kannst du dich besser von der inneren Stimme abgrenzen.

Evas Buchtipps für mehr Selbstmitgefühl

Ich mag die Arbeit und die Bücher von Tara Brach. Sie ist klinische Psychologin und verbindet seit vielen Jahren westliche Therapie mit östlicher Achtsamkeitspraxis. In ihrer Arbeit lehrt sie, wie Schwierigkeiten der Schlüssel für radikale Selbstannahme und Heilung sind.

Meine Lese- und Hörtipps:

- "Radical Self-Compassion" von Tara Brach. Das Buch ist nur in englischer Sprache erhältlich. Ins Deutsche übersetzt sind Tara Brachs Bücher "Nach Hause kommen zu sich selbst" sowie "Mit dem Herzen eines Buddha".

- Podcast "From Judgement to Self-Compassion" von Tara Brach

Jessica Jansen

Mentorin für Kinderwunsch, Weiblichkeit & Selbstheilung

Wohnt in Meppen

Bietet Energy Healings, Inner Child Healing, Circles

& Retreats für Frauen an.

Jessica in 3 Worten: empathisch, wahrhaftig, lebensfroh

„Auf einmal hatte ich keine Lust mehr, jeden Monat darauf zu warten, endlich schwanger zu werden. Ich hatte keine Lust mehr, mein Leben zu pausieren."

Liebe Babyseele

Ich sitze zuhause auf der Toilette. Es ist einer dieser Tage, an dem ich mal wieder meine Tage bekomme. Einer dieser Tage, an denen meine Welt für einen Moment zerbricht. Doch heute war es plötzlich anders. Aber wie ist es überhaupt so weit gekommen?

Wir hatten uns ganz bewusst dafür entschieden, endlich Eltern zu werden und ein Baby zu bekommen. Mein wundervoller Partner und ich. Weil es gefühlt überall in unserem Umfeld sofort geklappt hat, bin ich bei uns auch davon ausgegangen. Ich sah es schon vor mir: dicker Bauch, schönes Kleid, Hochzeit. Endlich würde ich aus meinem Job aussteigen können. So wäre es perfekt gewesen. Der Gedanke, dass es nicht so kommen würde, existierte nicht.

Doch das Leben hat mir einen Strich durch die Rechnung gemacht. Schon im ersten Monat, als meine Tage einsetzten, war ich wütend und traurig. Einfach alles war furchtbar. Hass stieg in mir auf. Ich habe mich dafür verurteilt und mich immer mehr zurückgezogen. Ich wurde zu meinem größten Feind. Und ich war eifersüchtig auf meine Freundinnen, bei denen es geklappt hatte. Wie ich mein Leben und auch meine Beziehung noch weiterführen sollte, wusste ich nicht.

Von da an lebte ich von Monat zu Monat nur für den Moment, in dem ich einen Schwangerschaftstest machen konnte und sehnsüchtig auf das Ergebnis wartete. *Wieder negativ.* Einmal im Monat brach meine ganze Welt zusammen. Ich entfernte mich von meinem Partner, unser Sexleben litt darunter. *Sex auf Knopfdruck?* Das funktioniert nicht.

Oft habe ich mich abends in mein Kissen geweint, zum tausendsten Mal nach "Anzeichen für Schwangerschaft" gegoogelt, Temperatur gemessen, Tees getrunken oder homöopathische Mittel genommen. Schon als 15-Jährige habe ich davon geträumt, früh - oder zumindest überhaupt - Mama zu werden. Durch den Kinderwunsch, den ich über alles stellte, habe ich die Leichtigkeit, die Lebensfreude und die Nähe zu meinem Partner verloren. Ich stellte mich infrage, hatte den Glauben an mich und an das Leben verloren. Mein Leben fand nicht mehr statt.

Dann kam dieser eine Tag. Ich saß auf Toilette und ich spürte dieses Mal *nicht*, dass meine Welt wie gewöhnlich über mir zusammenbrechen würde. Da war plötzlich diese Stimme in mir, die sagte:

Was zum Teufel mache ich hier?

Und was zum Teufel ist das für ein Leben?

Auf einmal hatte ich keine Lust mehr, jeden Monat darauf zu warten, endlich schwanger zu werden. Ich hatte keine Lust mehr, dass mein Leben pausiert. Und dann kam diese Frage in mir hoch: *Wenn ich diese kleine Seele am Himmel wäre, die durch mich geboren wird, hätte ich dann Bock, in mein Leben zu kommen?*

Plötzlich war da ein so klares und großes NEIN, das ich verstanden habe, dass es so nicht weitergeht. Ich habe verstanden, dass das ein Zeichen für mich war, mein Leben zu verändern. Dass ich dafür sorgen darf, mir ein Leben zu erschaffen, auf das die kleine Seele Bock hat. Und noch viel mehr: *Ein Leben, auf dass ich selbst Bock habe.*

Dieser Moment hat mir mein Leben zurückgegeben. In diesem Moment habe ich verstanden, dass ich alles in der Hand habe und dass ich alles verändern kann. Eine unfassbare Stärke hat sich in mir ausgebreitet.

Ich bin mir selbst eine gute Mutter

Als ich anfing, mich selbst zu reflektieren, erkannte ich viele alte Verhaltensmuster, die mir nicht guttaten. Ich wollte immer stark sein. *Schwächen? Kannte ich nicht.* Heute erlaube ich mir auch mal schwach sein zu dürfen. Ganz besonders während meiner Periode nehme ich mir viel Zeit für mich, ziehe mich zurück und bin sehr achtsam mit mir und meinen Gefühlen. Ich erlaube mir zu fühlen und laufe nicht mehr davon.

Wenn ich früher eine Meinungsverschiedenheit mit meinem Partner hatte, verließ ich die Situation und schmollte den ganzen Tag. Heute sage ich ihm, was ich denke und fühle und laufe nicht mehr davon. Und ich habe gelernt, meine Gefühle mit anderen zu teilen. Das schafft Nähe und erlaubt auch meinem Gegenüber, sich verletzlich zu zeigen.

Ich bin schon früh vor etwas davongelaufen. Habe mich am Wochenende in Partys und Alkohol geflüchtet. Ich hatte einen riesigen Freundeskreis und war immer unterwegs. *Stillstand? Kannte ich nicht.* Im Gegenteil – ich bin gerannt! Früher bin ich Konfrontationen aus dem Weg gegangen und habe immer dafür gesorgt, dass alles gut ist.

Ich konnte mir nie vorstellen, dass es wirklich jemanden gibt, der mich mag, einfach nur, weil es mich gibt. Ganz besonders schlimm wurde es dann, als das Baby auf sich warten ließ. Ich war felsenfest davon überzeugt, dass ich nur etwas wert bin, wenn ich Mama bin. Heute weiß ich, dass ich perfekt bin, einfach nur, weil es mich gibt.

Milow, unser Hund, ist mir hier ein großer Lehrer. Er zeigt mir ganz deutlich, wenn ich mich für ein paar Augenblicke vergessen habe und erinnert mich an das Mitgefühl mir selbst gegenüber.

Auch ein Spaziergang im Wald zeigt mir jeden Tag aufs Neue, liebevoll und achtsam mit mir zu sein. Die Natur liebt mich in jeder Sekunde so, wie ich bin. In der Natur gibt es kein *müsste, hätte, sollte.* Hier ist alles perfekt, genauso wie es ist. Danke Leben, dass du es mir jeden Tag aufs Neue zeigst.

Selbstmitgefühl bedeutet für mich, dass ich mir die Erlaubnis gebe, mich selbst fühlen zu dürfen und achtsam und geduldig mit mir zu sein. Dass all meine Gefühle Raum haben und wieder weiterziehen dürfen. Selbstmitgefühl bedeutet für mich, liebevoll mit mir zu sein, ganz besonders, wenn ich es gerade nicht bin.

Die Frauen, die für ein Coaching zu mir kommen, haben auf ihrer Kinderwunschreise oftmals den Bezug zu sich selbst verloren. Sie funktionieren und rennen durch ihr Leben. Sie erfüllen die Erwartungen der anderen und haben trotzdem das Gefühl, versagt zu haben. Hier geht es ganz besonders um die Frage, die sich übrigens jede Frau einmal stellen kann: *Wie kann ich die Mama für mich selbst sein, die ich unbedingt für mein Baby sein möchte?*

Jessicas Übung für mehr Selbstmitgefühl

Jeden Morgen nach dem Aufwachen lege ich meine Hände auf mein Herz. Ich nehme mir ganz bewusst diese Zeit, um in mich hineinzuhören und hineinzuspüren, mich mit mir und meinem Herzen zu verbinden. Diese erste Viertelstunde am Tag gehört nur mir, meinem Körper und meinen Gefühlen. Und ich gebe all dem Raum, was da sein möchte. Wenn Freude da ist, darf sie sein. Wenn sich Trauer zeigt, darf auch das sein. Wenn sich Wut zeigt, darf auch das sein. Ich habe gelernt, achtsam mit mir und mit meinen Gefühlen zu sein, weil ich aus der Vergangenheit weiß, dass diese Gefühle so lange an meine Tür klopfen, bis ich sie hinein bitte und ihnen Raum gebe.

Mein Mantra, dass ich zehnmal morgens und zehnmal abends laut zu mir sage, lautet:

Alles im Leben kommt mit Leichtigkeit, Freude und Herrlichkeit zu mir.

Kathrin Strate

Systemischer Coach & Business Coach

Wohnt in Hamburg

Bietet Karrierecoaching, Coaching & Training für Frauen im Business an.

Kathrin in 3 Worten: begeisterungsfähig & begeisternd, empathisch-analytisch

„Ich glaube, in diesem Moment, als ich zum ersten Mal diesen inneren Durchbruch erlebte, brachen die Sonnenstrahlen durch mein Fenster und erhellten den Raum. Und mich."

Ich erlaube mir...

Mist. Noch so viel zu lernen. Die Zeit wird immer knapper. Das schaffe ich nie!

Ich spürte die pure Verzweiflung in mir aufsteigen. Und wenn ich die Klausur nicht schaffe, dann schaffe ich mein Studium nicht, dann ist meine Familie enttäuscht. Schließlich sind alle in meinem Umkreis so erfolgreich. Und ich? Alle halten mich für einen Looser. Wenn ich das nicht schaffe, dann bin ich einfach zu doof dafür.

Ich war Anfang 20, als mir diese Gedanken täglich durch den Kopf gingen. In dieser Zeit im Studium entfernte ich mich immer mehr von mir selbst. Ich saß an meinem Schreibtisch über meinen Lernstoff gebeugt, ohne ihn eines Blickes zu würdigen. Minutenlang starrte ich auf mein Lehrbuch, ohne auch nur eines der Worte zu lesen, die vor mir umherschwirrten.

Schon als Kind fragte ich mich immer, ob es wohl reichen würde, was ich tue. Mir wurde empfohlen, auf die Realschule zu gehen. Trotzdem entschied ich mich fürs Gymnasium. Leider bekam ich dort schnell die Rückmeldung, dass es eben doch nicht reichen würde. Also wechselte ich zur Realschule. Heute weiß ich, dass ich damals einfach noch nicht so weit war. Ich hatte die für mich funktionierende Lernmethode noch nicht gefunden, durch die mir das Lernen leichter fallen würde. Mit dem Schulwechsel bestätigte sich mein Glaubenssatz. Live und in Farbe. *Egal was ich tue, es reicht nicht.*

Durch einen Umzug meiner Familie wechselte ich in die gymnasiale Oberstufe einer Gesamtschule - zum Glück. Mittlerweile hatte ich erkannt, wie gern ich doch lerne, neues Wissen aufsauge und einfach die Welt verstehen will. Mit dieser neuen Energie der Lernfreude reichte es auf einmal doch und ich machte mein Abitur mit Einser-Schnitt. Einfach, weil ich mich selbst nicht mehr unter Druck gesetzt, sondern mir erlaubt habe, Spaß am Lernen zu haben. Meine Lernmethode: Indem ich den Lernstoff aufschrieb, konnte ich ihn verinnerlichen. Ich wiederholte den Stoff so lange, bis ich es auswendig konnte. Das fiel mir leicht.

Doch in meinem Studium der Wirtschaftspsychologie wiederholte sich das Muster meiner ersten Schuljahre: Ich saß an meinem Schreibtisch und starrte auf mein Lehrbuch, ohne auch nur eines der Worte zu lesen. Dabei hatte ich dieses Studium gewählt, weil ich das Gehirn verstehen und uns als Menschen psychologisch ergründen wollte. Eigentlich perfekt. Wären da nicht fünf Klausuren in einer Woche und das schnelle Tempo gewesen. Meine Lernmethode war zwar effektiv, aber zu aufwendig für die kurze Vorbereitungszeit.

So lernte ich oft bis nachts um 4 Uhr, schlief kurz und schrieb morgens um 8 Uhr die Klausur. Alle hielten mich für verrückt. Glücklicherweise gelang es mir im Moment der Klausur immer, dieses Gedankenkino aus negativen Glaubenssätzen abzustellen und mich voll und ganz auf die Aufgaben zu konzentrieren. Dafür machte ich vor den Klausuren häufig Atemübungen, durch die ich mich fokussieren konnte.

Ich beneidete meine Kommilitonen, die meistens ausgeschlafen und gelassen in die Klausuren gingen. Von meinem inneren Druck merkte niemand etwas. Es war mir wichtig, nach außen auch weiterhin entspannt und cool rüberzukommen und abends mit in die Kneipe zu gehen. Dabei war ich innerlich eigentlich todmüde und in Gedanken bei meinen Büchern.

Während ich lernte, ging mir immer wieder durch den Kopf: „Wenn ich die Klausur schon bestehe, dann bitte richtig gut.

Denn sonst wird das nichts mit dem Job später. Die anderen kriegen das doch auch hin!"

Diese Gedanken beförderten mich weit weg von jeglichem Selbstmitgefühl. *Todmüde. Angespannt. Voller selbst auferlegter Verpflichtungen.* Meine Glaubenssätze und inneren Antreiber *Sei perfekt!* und *Streng dich an!* führten immer wieder dazu, dass ich mich unfähig fühlte und unter einem maßlosen Druck stand. Die Ironie: Je mehr ich mich anstrengte, umso schlechter wurden die Noten. Also musste ich wohl Recht haben mit meinen Glaubenssätzen. Eine *self-fulfilling prophecy (selbsterfüllende Prophezeiung).* Nur keine wirklich förderliche.

Die Erlauberkarte – ein Geschenk an mich selbst

Ein Coaching veränderte alles für mich: Ich lernte, mit diesem Druck umzugehen. Ich erlaubte mir wieder, einfach Spaß beim Lernen zu haben und mich einfach auf den Lernstoff einzulassen – wie in der Schule. Und auf einmal hatte ich das Gefühl, ich bin mittendrin und konnte gar nicht genug davon bekommen, immer tiefer in dieses Wissen einzusteigen.

Als symbolische Erinnerung an diese neue innere Ausrichtung entwickelte ich die *Erlauberkarte.* Dieses Hilfsmittel war ein einfaches Post-it, auf dem ich mir folgende Erlaubnis erteilte:

Ich gebe mein Bestes und habe Spaß dabei!

Als mich die ersten Gedankenspiralen wie *Streng dich gefälligst an!* und *Sei perfekt!* wieder hinabziehen wollten, blickte ich auf die Erlauberkarte, die an meinem Schreibtisch hing und sagte laut und deutlich: *Stopp!*

Was soll ich sagen: Auf einmal flutschte es. Mein Kopf war frei, ich konnte mich auf den Lernstoff konzentrieren und von da an gingen die Noten ab wie eine Rakete. Und das Wichtigste: Ich hatte richtig Spaß dabei!

Ich glaube in diesem Moment, als ich zum ersten Mal diesen inneren Durchbruch erlebte, brachen die Sonnenstrahlen durch mein Fenster und erhellten den Raum. *Und mich.* Vielleicht ist das aber auch nur meine rückwirkende Verklärung dieses besonderen Moments. Zumindest weiß ich, dass dieser Schlüsselmoment dazu geführt hat, dass ich mein Studium überhaupt abschließen konnte. Die *Erlauberkarte* war ein Geschenk an mich selbst.

Selbstmitgefühl ist, sich selbst zuzuhören

Heute bin ich selbst als Coach tätig. Selbstmitgefühl bedeutet für mich, sich selbst zuzuhören und seine eigenen Bedürfnisse und Glaubenssätze wahrzunehmen. Als Business Coach arbeite ich mit Menschen an ihren beruflichen Themen und habe bisher noch kein Coaching erlebt, in dem nicht irgendwann die hinderlichen Glaubenssätze der Kunden an der Wand stehen, die ihnen bis dahin das Leben schwer gemacht haben.

Häufig führen genau diese Glaubenssätze dazu, dass die eigenen Wünsche nicht gelebt werden: Sei es der Wunschjob, der nicht gewählt wird, weil er nicht den Erwartungen der anderen entspricht (oder man das zumindest glaubt). Oder man sich nicht erlaubt, die Stunden im Job zu reduzieren, weil sich das ja nicht gehöre und man stark sein müsse.

Oder weil insbesondere Frauen mit dem Glaubenssatz aufgewachsen sind, *Frau* müsse bescheiden sein und sich anpassen. Bloß nicht auffallen. Mit dieser inneren Einstellung wird es natürlich nichts mit einem selbstbewussten Auftreten im nächsten Meeting. Und erst Recht nichts mit der Karriere.

Mein praktiziertes Selbstmitgefühl ist, mir bewusst Zeit für mich zu nehmen. *Täglich.* Meist reicht ein Spaziergang, ohne Ablenkung durch Musik im Ohr. Gerne am Wasser. Mit Raum und Muße für meine Gedanken. Danach fühle ich mich immer aufgeräumt und sehr klar.

Wenn ich so aufgeräumt und klar bin, höre ich die kleine Stimme tief im Inneren, die nur leise flüstert, dafür aber sehr genau weiß, was ich *eigentlich* möchte. Selbstmitgefühl ist, dieser Stimme zuzuhören und ihr mutig zu folgen. Denn dann erfüllen sich auch die eigenen Wünsche. Ein schöner Satz für deine *Erlauberkarte* könnte also sein: *Ich erlaube mir, nicht perfekt zu sein, sondern mich einfach mal zu entspannen.*

Kathrins Übung für mehr Selbstmitgefühl

Komme ich wieder in die Gedankenspirale, sage ich mir bewusst: *Stopp.* Wenn ich dabei gerade unterwegs bin und laufe, bleibe ich stehen und lenke meinen Fokus nur auf meine Gedanken in meinem Kopf. Meine Außenwelt blende ich aus. Ich frage mich: Wer ist hier der Regisseur meines Kopfkinos? Und dann entscheide ich: *Das bin ich!*

Meistens hilft das schon. Bei hartnäckigen Glaubenssätzen arbeite ich ganz bewusst an ihnen, indem ich mich in Ruhe hinsetze und warte, bis der typische Satz in meinem Kopf auftaucht. Meistens geht das schnell, denn der Satz ist ja schon häufig genug gedacht worden. Ich schreibe den Satz auf und überlege mir, woher er stammt: Aus der Schule? Von meiner Mutter, meinem Vater? Ich frage mich: *Ist dieser Satz wirklich wahr?*

Anstelle des alten Glaubenssatzes überlege ich mir eine positive Formulierung, an der ich so lange bastle, bis sie sich stimmig anfühlt. Und weil Neues auch immer wiederholt werden muss, übe ich diesen Satz. Beim Schlangestehen im Supermarkt oder beim Zähneputzen - überall, wo es gerade passt. Und damit ich ihn auch immer visuell vor mir habe, schreibe ich ihn auf meine *Erlauberkarte*.

Katrin Krappweis

Heilpraktikerin für Psychotherapie & Entspannungstherapeutin

Wohnt in München

Bietet das Online-Programm „Dein mentaler Espresso - deine Powerful Morning Routine" und Mentoring für tiefes Lebensvertrauen an.

Katrin in 3 Worten: Energie, Freude, Vertrauen

„Als ich an jenem Morgen im Bett lag, liefen Bilder von meinen Wünschen und Sehnsüchten vor meinem inneren Auge ab. Ich sah all das, was ich in diesem Leben noch erfahren wollte. Tränen rannen mir über die Wangen. Und im Gefühl der Ausweglosigkeit bemerkte ich, dass ich einen Weg noch nicht probiert hatte: zu vertrauen."

Panzerriegelschloss

Wenn ich in der Öffentlichkeit über mein Lebensvertrauen und meinen Zugang zur Intuition spreche, werde ich oft gefragt, ob ich schon immer so verbunden mit mir war.

NEIN, antworte ich dann immer auf diese Frage. Nein, ich hätte es nie für möglich gehalten, bedingungsloses, tiefes Vertrauen in mir wachsen lassen zu können. Ich erinnere mich aber noch genau an jene Zeit in meinem Leben, als ich alles andere als im Vertrauen war.

Viele Menschen scheinen zu glauben, dass Vertrauen entweder angeboren ist oder eben nicht. Dementsprechend entwickelt sich das eigene Leben. Doch dieser Glaube heftet uns unnötig an unsere Vergangenheit, anstatt uns davon zu lösen und auf den Weg zu machen - hin zu mehr Vertrauen und innerer Verbindung. So wie ich damals.

Ich baue mir mein Gefängnis

Es war ein wunderschöner Frühlingstag in Prag, als ich auf den Aussichtsturm kletterte. Ich wollte die Stadt von oben sehen, bei blauem Himmel und fröhlichem Treiben. Ich war 21 Jahre alt und auf einem Kurztrip in der wunderschönen alten Stadt. Ich durchquerte den Eingangsbereich, folgte einem schmalen Gang und stieg dann die ersten Stufen hinauf, bis ich auf eine Schlange von Touristen traf, die Herabsteigende vorbeiließen. Hinter mir reihten sich immer mehr Menschen ein und weitere kamen die Stufen herunter, quetschten sich an mir vorbei Richtung Ausgang. Plötzlich wurde mir schwindelig. Die Enge in diesem Gang entsprach der Enge in meiner Brust. Der Atem wurde mir abgeschnürt, ich schwitzte und mir wurde heiß und kalt. Ich würde wohl jeden Moment ohnmächtig werden, wenn ich nicht *sofort* hier rauskäme, dachte ich.

Tunnelblick und schleunigst nach unten!

Atmen. Boden. Halt.

Ich fand mich auf dem Gehweg liegend wieder. Tief erschöpft. Dem vermeintlichen Tode entkommen.

Damals wusste ich noch nicht, dass dies meine erste Panikattacke war. Dieses unangenehme Gefühl tauchte aber plötzlich an den verschiedensten Orten wieder auf: in Treppenhäusern, Fahrstühlen, Gondeln, U-Bahnen und Bussen. Selbst in der Schlange an der Kasse wurde mir heiß und schwindelig. Die Angst saß mir im Nacken und wurde meine stetige Begleiterin. Sie nahm mich immer mehr ein.

Meinem Bauchgefühl vertraute ich nicht. Wenn es um Entscheidungen ging, war ich verunsichert und mein eigenes Gefühl wog weniger als das *Ja* oder *Nein* einer anderen Person.

Im Zentrum der Aufmerksamkeit zu stehen, insbesondere vor Menschen, die ich nicht kannte, war für mich der absolute Horror. *Ich kann nicht sprechen. Ich kann nicht sprechen.* Meine Grammatik ist total falsch und alle werden es merken. Ich kann keine vernünftigen Sätze bilden. Die Leute werden denken, dass ich dumm bin. Meine Aussprache ist schrecklich. Wie sie mich schon anschauen. Was sie wohl denken? Ich bin so peinlich. Ich werde es nie zu etwas bringen. Ich bin nicht gut genug. Ich bin wertlos.

Immer wieder führten mich diese inneren Monologe zu Blackouts. Aus Angst vor Ablehnung brach ich Ausbildungen und Hobbys ab, die ich eigentlich mochte.

Wenn ich allein war, wurde es richtig schlimm. Besonders nachts. Dann lief ich rastlos und hellwach durch meine Wohnung. Auf jedes Geräusch lauschend. Machte unzählige Kontrollgänge, aus Angst, es könnte jemand in die Wohnung eingebrochen sein und mir im Schlaf etwas antun wollen.

Heute macht es mich traurig, daran zurückzudenken, doch ich blicke mit ebenso viel Mitgefühl auf mein damaliges Ich. Niemand konnte mich verstehen, nicht einmal ich selbst. Ich versuchte Freunde zu überreden, bei mir zu übernachten, dachte mir irgendwelche Filmabende aus, damit ich nicht allein war mit mir und meinen Ängsten. Doch sie ließen mich nicht los und verfolgten mich überallhin.

Ich entwickelte Angst vor den Nächten. Hatte Angst vor der Angst, die mich jede Nacht heimsuchte. Manchmal, wenn die Angst zu stark wurde, war mein bester Freund Peer für mich da. Ich konnte ihn anrufen und er blieb die ganze Nacht am Telefon. Baute mich auf, machte mir Mut und versuchte mit mir gemeinsam alle Geräusche in der Wohnung rational zu deuten.

Das Heimtückische an starken Panikattacken ist, dass das logische Denken zeitweilig ausgeschaltet scheint. Wir sind im Moment der großen Angst „ent-hirnt", wie Neurobiologe Dr. Gerald Hüther sagt. Gleichzeitig ist es diese Irrationalität, die uns in angstfreieren Momenten oftmals davon abhält, Hilfe zu suchen.

Ich versuchte am Tage den Schlaf nachzuholen, den ich nachts nicht bekam. Dieser unnatürliche Rhythmus raubte mir meine Energie. Ich war fertig. Kraftlos. Am Ende. Die Angst machte keinen Halt. Sie war wie eine unsichtbare Wegweisende, der ich ausgeliefert war. Wenn ich ihr folgte und Situationen aus dem Weg ging, wurde sie weniger spürbar. Gleichzeitig fühlte ich, wie die Lebendigkeit aus meinem Leben wich.

Angst ist nicht kontrollierbar, sie bahnt sich immer wieder neue Wege. Sie will gesehen werden. Endlich traute ich mich, hinzuschauen.

Ich entscheide mich für mein Leben

Eines Morgens im Sommer 2007 lag ich total erschöpft und weinend in meinem Bett. Alle Lichter in der Wohnung brannten. Jede Zimmertür war geöffnet und das Panzerriegelschloss an meiner Haustür, das ich hatte einbauen lassen, um mir ein Gefühl von Sicherheit zu geben, war verschlossen. An diesem Morgen realisierte ich das erste Mal, dass es so nicht weitergehen konnte. Mir war meine Lebensfreude abhanden gekommen.

Es gab ab hier nur eine Möglichkeit: Mein Leben wieder selbst in die Hand zu nehmen. Als ich an jenem Morgen im Bett lag, liefen Bilder von meinen Wünschen und Sehnsüchten vor meinem inneren Auge ab. Ich sah all das, was ich in diesem Leben noch erfahren wollte. Tränen rannen mir über die Wangen. Und im Gefühl der Ausweglosigkeit bemerkte ich, dass ich einen Weg noch nicht probiert hatte: zu vertrauen. Dem Leben zu vertrauen. Darauf zu vertrauen, dass alles gut werden würde. Dass ich doch wichtig sei.

Ich wollte der Angst endlich in die Augen sehen. Ich wollte endlich die Kontrolle abgeben. Mich dem Leben hingeben. An diesem Morgen entschied ich mich *für* mein Leben.

Am gleichen Abend schaltete ich alle Lichter aus. Schloss alle Zimmertüren und lag im Bett. Meine Ohren nahmen selbst das leiseste Geräusch wahr. Doch ich blieb liegen. In der Dunkelheit. Mein Herz pochte so stark, dass es mir aus der Brust zu springen drohte. Mir war schwindelig. Ich zitterte am ganzen Körper. Und dann übernahm *ich* die Führung: Ich versuchte mir jedes einzelne

Geräusch zu erklären. Redete mir Mut zu. Eine Gratwanderung zwischen Angst und Selbstvertrauen. Es war eine der angstreichsten Nächte meines Lebens. Und gleichzeitig mein Neubeginn. Es war die Nacht, in der mein Mut geboren wurde. Für mich ist Mut nicht die

Abwesenheit von Angst, sondern die Anwesenheit von einem TROTZDEM. Ein "Ich habe Angst, doch ich tue es TROTZDEM." Anfangs war es ein kleines *Trotzdem*, das die darauffolgenden Jahre zu einem immer stärkeren und größeren TROTZDEM wurde.

Von da an bin ich immer achtsamer geworden und bemerkte die ersten Anzeichen eines starken Angstgefühls immer schneller. Doch ich habe mich nicht mehr aufhalten lassen. Ich habe mich auf meine Träume konzentriert und mit mir gefühlt. Aus Selbstmitgefühl wurde Selbstbeziehung. Aus Selbstbeziehung wurde Selbstfreundschaft. Aus Selbstfreundschaft wurde Selbstliebe.

Und ich habe in meinem Leben die echte und wahre Liebe meines Lebens gefunden: Ich habe die Liebe zu mir selbst entdeckt.

Die Liebe zu meinen Gedanken, zu meinen Gefühlen, zu meinen Träumen und Leidenschaften. Die Liebe zu Erfahrungen, die mich immer wieder wachsen lassen. Die Liebe zu meinen verrückten Ideen. Ich habe gelernt, dass mein starkes Angstgefühl mich genau zu dem gelenkt hat, was ich mir immer gewünscht habe. Mein Lebensmantra ist seitdem:

Mut ist nicht die Abwesenheit von Angst, sondern die Anwesenheit von TROTZDEM

Heute weiß ich, dass ich Angst vor mir selbst hatte. Vor meiner Wahrheit. Ich hatte Angst davor, all den Lügen, die ich mir erzählte, den Rücken zu kehren. Ich hatte Angst vor meiner Tiefe und wahren Größe. Vor meiner Lebendigkeit. Davor, andere Wege einzuschlagen und meinem Herzen zu folgen. Ich hatte Angst vor dem Großen, das das Leben für mich bereithalten würde.

Wir haben es in jedem Moment selbst in der Hand, ob wir uns für Liebe oder für Angst entscheiden.

Man kann sich gar nicht vorstellen, dass ich heute mein Geld damit verdiene, auf Bühnen zu stehen und Menschen mit Worten zu inspirieren und zu motivieren. Aufgrund meiner Angst entdeckte ich meine größte Leidenschaft: *das Sprechen*.

Ich spreche nun auch anders mit mir selbst: Alle Begrenzungen, die ich gerade in mir wahrnehme, sind nicht real. Ich kann alles, alles, *alles* schaffen, was ich wirklich will. Ich bin grenzenlos. Ich bin ein liebenswerter Mensch und ich bin richtig. *Und ich war immer richtig.*

Für mich persönlich ist Selbstmitgefühl die Summe von Mikroentscheidungen, die ich täglich für oder gegen mich treffe. Das beginnt mit meiner Morgenroutine. Ich schenke mir Raum für ein entspanntes Frühstück, für gute Nahrung, für wundervolle inspirierende Menschen und Gespräche, aber auch für Selbstbegegnung. Ich schenke mir Raum, um zu meditieren, weil ich weiß, dass es mich stärkt.

Meine Meditationspraxis hat mich maßgeblich dabei unterstützt, neue Gedanken in mir zu pflanzen. Mich selbst wieder neu, wahrhaftig und zuversichtlich wahrzunehmen. Durch Meditation konnte ich längst vergessene, kräftigende Momente aus meinem Unterbewusstsein zurück ins Bewusstsein holen.

Eine der für mich wertvollsten Übungen ist deshalb die Dankbarkeit für mein vergangenes Ich. Wir schauen oft zurück und konzentrieren uns auf die Momente in unserem Leben, die nicht „perfekt" verliefen. Wir neigen dazu, schnell zu wissen, was uns *nicht* gefällt. Doch um zu erkennen, was uns glücklich macht und wofür wir dankbar sind, braucht es mehr Zeit.

Ich habe eine Meditation entwickelt, in der es möglich ist, innezuhalten, sich umzudrehen und dem vergangenen Ich tief in die Augen zu sehen und ihm zu danken. Für jede Entscheidung, für jedes Fallen und Aufstehen, für den Weg, den es gegangen ist. Für jeden einzelnen Atemzug, den es trotz Angst genommen hat. Dies ist eine unglaublich kraftvolle Meditation, die uns erlaubt anzuerkennen, was war und was ist.

Wenn alle Menschen auf diesem Planeten liebevoller mit sich selbst umgehen würden, dann wäre dies ein anderer Ort. Wir könnten einander ansehen, ohne einander zu verletzen. Wir könnten gegenseitig unser wirkliches Potenzial und unsere Größe anerkennen, ohne uns selbst dabei kleiner zu fühlen. Wir würden einander mit unserer Diversität und Vielfalt lieben, ohne das „Andersartige" in jedem von uns abzuwerten. Wir wären voller Vertrauen, getragen von Liebe.

Diese Liebe würde sich vermutlich in allem, was wir berühren, widerspiegeln. Kunst, Musik, Essen, Erziehung, Schulen... In Allem und in Jedem. Wir würden vermutlich keine Tiere mehr essen, wir würden keinen Raubbau an der Natur mehr betreiben. Wenn wir uns selbst zu lieben beginnen, möchten wir zum Wohle aller handeln. Aller Menschen, aller Pflanzen, aller Tiere. Wir würden alles aus den Augen der Liebe betrachten, einander Wunden heilen bis zu dem Tag, an dem Wunden überhaupt nicht mehr entstehen würden. Wir könnten einander sehen, zuhören und wachsen. Wir müssten unser Selbstbild nicht mehr länger verteidigen oder uns aufwerten. Weil wir erkennen würden, wie wertvoll wir sind. Wie wundervoll und einzigartig. Und dass jedes Wunder in uns selbst entspringt.

Katrins Übung für mehr Selbstmitgefühl

Ich setze mich aufrecht hin und stelle mir einen schützenden Kreis um mich herum vor. Stelle mir vor, wie eine Lichtsäule durch meine Füße in meinem Körper fließt, mein Herz füllt und weitet und dann spreche ich folgende Affirmation wiederkehrend und laut aus: ICH BIN LIEBE. Ich lasse sie los und wirken. Es ist wie eine innere Energiedusche. Dein Herz wird weich und öffnet sich. Je häufiger du diese Übung für 2 bis 3 Minuten praktizierst, desto schneller und tiefer wirkt sie.

Lisa Schröter

Lebens- & Umsetzungscoach & Podcasterin

Wohnt in Tübingen

Bietet Einzelcoaching und -mentoring für Visionsverwirklichung & Onlinekurs ENDLICH IN DIE UMSETZUNG an.

Lisa in 3 Worten: wahrhaftig, verantwortlich, klar

„Ich wollte einfach nur weg. Endlich mal leben und das tun, was *ich wirklich* wollte. Ich ging auf Reisen. Alleine. Glück, völlige Freiheit, sich treiben lassen. Und endlich hatte ich das Gefühl, ganz wahrhaftig *Ich* sein zu können, denn ich musste das erste Mal in meinem Leben keine Erwartungen erfüllen."

Bin ich liebens-würdig?

2014. Ich bin auf dem Weg nach Hause. Ich habe ein ungutes Gefühl im Bauch. Ich betrachte die Menschen um mich herum, die lachen und sich über den freien Nachmittag freuen. Es beginnt zu nieseln. Ich spüre den Nebel auf meinen Wangen und die Kälte an meinen Händen, die ich in meinen Jackentaschen vergraben habe. Mir kommen die Tränen und ich unterdrücke sie. Schlucke sie runter. Es schmeckt salzig. Ich komme von einer mündlichen Prüfung. Nein, nicht von *einer*, sondern von *der* mündlichen Prüfung. Der mündlichen Prüfung des Ersten juristischen Staatsexamens. *Meiner Prüfung.* Und ich habe es versaut.

Fünf Jahre habe ich auf diesen Moment hingearbeitet. Fünf Jahre voller Druck, Stress und Angst. Jahre, in denen ich meine Gefühle und Bedürfnisse weggedrückt und nächtelang durchgearbeitet habe. Ich wollte *endlich frei, endlich fertig sein.* Die schriftliche Prüfung hatte ich mit Ach und Krach bestanden. Und mit der mündlichen wollte ich nochmal einiges rausholen. Alle meine Kommilitonen waren sich einig: In der Mündlichen könne man sich nur verbessern. *Soso. Ich kann das wohl nicht.*

War ja klar, dass du da mal wieder die Ausnahme sein musst, denke ich mir. Ich stiefle weiter meinen Weg entlang, vorbei an Pfützen und parkenden Autos.

Ein kurzer Flashback der vergangenen Stunden schießt mir in den Kopf. „Sie sind eine schlechte Juristin, Frau Schröter. Sie sollten definitiv kein Jura studieren. Leider kann ich das nicht verhindern", sagte mein Prüfer. Wieder schießen mir Tränen in die Augen, wieder unterdrücke ich sie. Vermutlich hatte er recht, vermutlich war ich einfach nichts wert. Ja, ich habe die Mündliche gerade so bestanden. Schlecht bestanden. Dass ich gerade meinen Uni-Abschluss gemacht habe, realisiere ich nicht. Denn: Wenn man kein gutes Examen hat, ist man nichts wert – noch so eine Sache, in der sich alle einig waren.

Ich stehe vor meiner Haustür und schließe auf. Mein Freund ist da. Ich habe ihn schon vorgewarnt, dass es heute nichts zu feiern gibt. Er nimmt mich in den Arm. Endlich lasse ich meinen Tränen freien Lauf. Ich sinke in seine Arme und fühle mich wertlos und klein.

So wertlos, dass ich mich nicht traue, meine Eltern anzurufen. So wertlos, dass ich nicht zur Zeugnisverleihung gehe. Dass ich mit niemandem über mein Examen spreche.

Wahrhaftig *Ich* sein

Dieser Tag ist mir noch heute gut in Erinnerung. Damals war ich 24 Jahre alt. Ich hatte fünf Jahre in mein Jurastudium investiert. Im Examen schrieb ich sechs Klausuren innerhalb von zwei Wochen, in denen das Wissen der letzten fünf Jahre geprüft wurde. Ich bestand die mündliche Prüfung, trotz meiner panischen Angst davor und einem ewig dauernden Blackout. Ich bestand direkt beim ersten Versuch, bei einer Durchfallquote von 40 Prozent. Heute weiß ich, wie stolz ich sein kann. Und dass all die Schwierigkeiten Teil meines Weges waren. Doch damals habe ich mich einfach nur geschämt.

Ich wollte einfach nur weg. Endlich mal leben und das tun, was *ich wirklich* wollte. Ich ging auf Reisen. Ein halbes Jahr Backpacking in Asien, ganz allein. Eine *once in a lifetime*-Erfahrung. Glück, völlige Freiheit, sich treiben lassen. Und endlich hatte ich das Gefühl, ganz wahrhaftig *Ich* sein zu können, denn ich musste das erste Mal in meinem Leben keine Erwartungen erfüllen.

Vor allem aber konnte ich mich in dieser Zeit selbst kennen lernen. Ich habe mir das erste Mal erlaubt, auf meine Bedürfnisse zu achten und zu verstehen, was ich wirklich will. Wer ich *wirklich bin*.

Als sich die Zeit des Umhertreibens dem Ende näherte, stand ich vor der Tatsache, die ich seit sechs Monaten geflissentlich versuchte zu ignorieren: Das Referendariat lag vor mir. Vor meiner Abreise hatte ich mich dafür angemeldet. Denn das war damals der einzig logische nächste Schritt. Das, was man von mir erwartete. Das, was mich wertvoll zu machen schien.

Doch durch das Alleinreisen hatte ich mittlerweile einen wesentlich besseren Zugang zu mir bekommen. Ich war klarer und tiefer mit mir und meinen Bedürfnissen verbunden. Und ich hatte mich entschieden – diesmal ganz bewusst – nicht den Kopf in den Sand zu stecken, sondern das Referendariat durchzuziehen.

Ich wollte dieses zweite Staatsexamen, egal, was danach kommen sollte. Aber dieses Mal voller Eigenverantwortung. Ich habe das für mich getan, nicht für irgendjemand anderen. Mit dem Willen, mein Bestes zu geben und gleichzeitig liebevoller mit mir umzugehen. Auf mich, meinen Körper und meine Bedürfnisse besser zu hören.

Und zwei Jahre später saß ich da, im Prüfungsamt des Landes Baden-Württemberg. Vor mir meine mündlichen Prüfer des Zweiten Juristischen Staatsexamens. Die letzten Stunden hatte ich meinen Aktenvortrag gehalten und Fragen zu meinen Fächern beantwortet. Zwei Jahre voller Willenskraft und Disziplin, aber auch voller Selbstfürsorge und Achtsamkeit lagen hinter mir. Voller Höhen und Tiefen, aber vor allem immer mehr voller Klarheit und Selbstliebe.

Die Prüfer saßen vor mir. Die Notenverkündung stand bevor und sie schauten mich und meine Mitprüflinge mit ernstem Blick an. Ich war nervös, mein Herz schlug schnell. Trotzdem fühlte ich mich sicher. Mir konnte nichts passieren. Ich lächelte den Prüfer an, der mir gegenüber saß. „Das Prüfungskomitee verkündet nun Ihre Noten", sagte der Vorsitzende. Eine kurze Pause. „Frau Schröter, ich darf sie beglückwünschen", sagte er und richtete den Blick auf mich. „Sie haben sowohl den Aktenvortrag als auch die mündliche Prüfung sehr gut gemeistert. So gut sogar, dass sie in dieser Gruppe von all Ihren Mitprüflingen am besten abgeschlossen haben. Herzlichen Glückwunsch!"

Die nächsten Tage und Wochen vergingen wie im Flug. Ich saß oft am Neckar, genoss die letzten herbstlichen Sonnenstrahlen und sah den Enten beim Tauchen zu. Dieses Mal holte ich mir mein Zeugnis voller Stolz ab. Im sonnengelben Kleid und mit blauen Strähnen im Haar. Strahlend.

Nicht, weil ich das Examen geschafft hatte. Nicht, weil ich mich um über drei Punkte verbessert hatte. Auch nicht, weil ich während meines Referendariats sieben Mal im Urlaub gewesen war. Sondern weil ich mir endlich erlaubte, selbst liebevoll mit mir umzugehen. Weil ich mittlerweile wusste, dass mein Wert nicht von meinem Verhalten oder meinen Noten abhing. Und auch nicht davon, ob ich es immer schaffe, voller Selbstmitgefühl auf mich zu schauen. Ich bin wertvoll, einfach, weil ich ich bin. Weil ich Leben bin.

Ich war und bin auf meinem Weg. Ich bin voller Entschlossenheit und Schritt für Schritt gegangen - auch heute noch. Anstatt den Erwartungen anderer zu entsprechen, habe ich mich gegen eine Karriere in der Juristerei entschieden. Ich bin dem Weg meines Herzens gefolgt, dem, was mich rief. Auf Seminaren, in Coachings und Masterminds suchte ich mir ein bestärkendes Umfeld. Ich habe mich selbstständig gemacht und auch, wenn es mal nicht leicht war, bin ich immer liebevoller mit mir umgegangen. Jeden Tag ein kleines bisschen mehr.

Selbstmitgefühl bedeutet, liebevoll mit sich umzugehen. Die eigenen Leistungen anzuerkennen und sich gleichzeitig nicht darüber zu definieren. Sich in den Arm zu nehmen, wenn es mal nicht so klappt, wie erhofft. Gerade dann.

Als Life Coach arbeite ich viel mit erfolgreichen Frauen zusammen, die unglaublich hart zu sich selbst sind. Die sich nicht eingestehen können, wenn sie auch mal etwas gut gemacht haben. Die glauben, permanent etwas leisten zu müssen und nur dann wertvoll zu sein.

Muss ich Leistung bringen, um liebenswert zu sein?

Das erste Mal wirklich bewusst geworden, wie unfassbar hart ich selbst mit mir umgehe, ist mir das auf einem Seminar für Persönlichkeitsentwicklung. Dort habe ich das erste Mal meinen hartnäckigen Glaubenssatz in Worte fassen können: „Ich muss Leistung erbringen, um liebenswert zu sein."

Die Wochen und Monate darauf sind nicht einfach für mich gewesen. Auf einmal erkannte ich überall genau dieses Muster. In einem Telefonat mit einer Freundin oder in einer Umarmung. Aber vor allem erkannte ich es in der Art, wie ich mit mir und über mich gesprochen hatte, wenn ich mal nicht *leistungsfähig* war. Mich nicht konzentrieren konnte, nicht meine zehn Stunden täglich gearbeitet hatte oder einfach mal nach dem Mittag etwas länger auf der Couch blieb als geplant.

Erst nach und nach habe ich es geschafft, mir immer wieder klar zu machen, dass mein Wert, meine Liebens-*würdig*-keit, in keinerlei Zusammenhang zu dem steht, was ich tagtäglich mache. Es war und ist ein bewusster Prozess und nichts, was sich von einem Moment auf den anderen verändert.

Auch heute sitze ich manchmal noch auf der Couch und merke, dass ich wieder hohe Ansprüche an mich habe. Dass ich mich heute wieder klein geredet habe. Dass ich geglaubt habe, etwas leisten zu müssen, um es wert zu sein, geliebt zu werden. Dass ich nicht wertvoll bin, wenn ich dort sitze und einfach mal Pause mache.

Der erste und wichtigste Schritt ist für mich dann immer die Bewusstmachung, dass das Quatsch ist. Dass es okay ist, einfach mal einen Nachmittag nur Tee zu trinken und ein Buch zu verschlingen. Dass es okay ist, raus in den Park zu gehen und durch die Sonne zu spazieren. Dass es okay ist, das Eis zu essen, obwohl ich am Abend vorher erst eine ganze Tafel Schoki hatte.

Wenn ich schnell wieder mit mir verbunden sein will, hilft mir ganz besonders das Aufschreiben.

Dann setze ich mich an mein Journal – es genügt aber auch ein ganz einfacher Block – und ich schreibe alles raus, was gerade in meinem Kopf ist. Dabei kann ich meine Gedanken ordnen, reflektieren und vor allem das Muster erkennen, in dem ich mich gerade befinde. Mir ist dabei nicht wichtig, dass alles Sinn macht, was ich aufschreibe. Oft sind es auch nur einzelne Wortfetzen oder ich wechsle sogar die Sprache. Trotzdem fühle ich mich schon nach fünf Minuten viel klarer und kann wieder besser für mich selbst sorgen.

Lisas Übung für mehr Selbstmitgefühl

Ich habe für mich einen Dreiklang entwickelt, der mir dabei hilft, wieder zurück in das Gefühl von Liebe für mich und andere zu kommen. Mein Dreiklang geht so:

1. Ich schließe die Augen und atme einmal tief in den Bauch ein und wieder aus.

2. Dann erinnere ich mich an eine Situation, in der ich so voller Liebe war, dass ich nichts anderes empfunden habe. Bei mir war das der Tag, nachdem mein Neffe geboren wurde. Ich hielt ihn im Arm und trug ihn durch die Wohnung meiner Schwester. Ich war absolut erfüllt und voller Liebe. Es gab nichts Wichtigeres. Nichts Schöneres.

Dieses Bild rufe ich mir ganz intensiv vor Augen. Ich erinnere mich an das Gefühl des Kleinen auf meinem Arm. An seinen Schluckauf und an das Lied, das ich gesungen habe.

3. Nachdem ich ganz im Moment eingetaucht bin, lege ich meine Hände auf mein Herz, spüre noch einmal hinein und sage mir – laut oder im Kopf – „Alles ist gut.“

Marvin Kopp

Team Fair Coachings, Yogalehrer, Krankenpfleger, Digital Creator & Writer

Wohnt aktuell in Millas, Südfrankreich

Bietet Dienstleistungen rund um Text, E-Mail Marketing und Websites an.

Marvin in 3 Worten: empathisch, optimistisch, entspannt

„Ich bin in kurzer Zeit gewachsen wie nie zuvor in meinem Leben. Ich wollte noch mehr vom Weniger und so ist der Gedanke in mir gereift, orts- und geldunabhängiger zu leben.

Ich will mehr vom Weniger

Ich hatte daran geglaubt, dass Berlin es schon richten würde. Doch nun saß ich in unserer großen Wohnung im Friedrichshain, meinem eigenen kleinen Gefängnis, mit all dem Ballast, der sich emotional und physisch die letzten Jahre angesammelt hatte. Mit 27 Jahren wurde mir klar, dass ich lieber sterben würde, als so weiterzuleben. Klingt dramatisch, war es auch.

Wenn ich jedoch zurückdenke, hat das alles schon viel früher begonnen. Ein schleichender Prozess über Jahre, den ich gar nicht wahrgenommen hatte. Dieses beklemmende Gefühl in meiner Brust, diese Hilflosigkeit meinen eigenen Gefühlen und Gedanken gegenüber. Ich erkaufte mir ein vermeintliches Gefühl der Liebe durch immer neue Produkte, anstatt sie mir selbst auf anderen Wegen zu geben. Massenhafter Konsum bestimmte meinen Alltag. Doch dann fiel das Kartenhaus zusammen und ich landete beinahe im Burnout. Dann wusste ich: Es musste sich dringend etwas ändern. So konnte es auf keinen Fall weitergehen.

Seit meiner Jugend habe ich vieles ausprobiert, bin gescheitert und wieder aufgestanden. Selbstzweifel und Ängste begleiteten mich dabei. Ich schwamm immer recht stabil in der Mittelmäßigkeit mit und konnte vieles so halbwegs und selten etwas richtig gut. Ich brachte mehr Gewicht auf die Waage als meine Freunde und fühlte mich dadurch unwohl in meiner Haut. Mit all diesen Empfindungen fühlte ich mich alleine.

Ich wuchs in einem Dorf mit knapp 1.000 Einwohnern in Brandenburg auf, in dem die Jugendlichen eigentlich nur gezwungenermaßen Zeit miteinander verbrachten, weil Alternativen fehlten. Wahre Freundschaften hatte ich kaum. Mit 16 Jahren hatten wir keine Ahnung, wie so etwas funktionierte.

So hängte ich mich schon früh an Menschen, von denen ich glaubte, bei ihnen gut aufgehoben zu sein und hinter denen ich mich verstecken konnte. Dafür zahlte ich einen Preis: Ich stellte meine eigenen Gefühle und Bedürfnisse hinten an, aus Angst, diese wertvollen "Freundschaften", die mir vermeintliche Sicherheit schenkten, zu verlieren.

Ich komme aus einer eher konservativ denkenden Umgebung. Mein Umfeld war zwar nicht sonderlich spießig, doch verhielt man sich besser *normal*. Bloß nicht auffallen. Erstmal was Solides aufbauen, einem anständigen Job nachgehen und persönliche Passionen höchstens als Hobby nachgehen. Lob gab es selten und schon gar nicht für Dinge, die nicht messbar sind wie ein monatliches Einkommen. Das kratzte ganz schön an meinem Selbstmitgefühl und Selbstwert. Aber erst später wurde mir das bewusst.

Ich habe mich beruflich ausprobiert, vieles begonnen und nicht beendet. Auch diese Sprunghaftigkeit hat meinem Selbstmitgefühl geschadet. Es fiel mir zunehmend schwer, mich so zu akzeptieren, wie ich bin. Ich habe es regelrecht gehasst, nicht zu wissen, welchen Weg ich einschlagen soll.

Ich sehnte mich damals danach, mich anzunehmen, wie ich bin, mit all den Macken und "Fehlern". Denn sich selbst anzunehmen ist so wichtig in der Welt, in der wir heute leben. In einer Welt, in der immer alles schneller, höher und weiter gehen muss, ist es umso leichter, durch das gesellschaftliche Raster zu fallen. Wenn wir immer nur funktionieren, ohne unsere Grenzen zu kennen, fällt das Gerüst bald zusammen und wir sind vielleicht die nächsten, die einfach aufgeben. Im stressigen Alltag unserer gesellschaftlichen und beruflichen Verpflichtungen vergessen wir leider viel zu schnell, wie wichtig wir uns selbst sein sollten.

Irgendwann war mein Leidensdruck zu hoch

Als ich aus dem Brandenburgischen nach Berlin zog, war ich immer noch derselbe junge Mensch, der sich nicht wertgeschätzt hat, nicht auf sich achtete und vergeblich versuchte, sich glücklich zu kaufen.

Sicherlich, ich hatte auch lichte Momente, doch konnte ich bis dahin noch nicht verstehen, wie sehr ich mich und mein Leben eigentlich hasste. Neben meiner Vollzeitstelle in leitender Position studierte ich noch, weil ich dachte, ohne Bachelor auf dem Arbeitsmarkt weniger wert zu sein. Aus Angst, sie zu verlieren, war mein Leben auf die Bedürfnisse und Vorstellungen anderer Menschen ausgerichtet.

Doch irgendwann war mein Leidensdruck so hoch, dass mir die Luft zum Atmen und die Klarheit zum Denken fehlte. Alles, was ich mir bisher aufgebaut hatte, an das ich glaubte, hatte vom einen auf den anderen Moment kein Fundament mehr.

Obwohl das ziemlich schmerzvoll klingt, war es mein Befreiungsschlag. Wie ein Auftauchen aus dem Wasser. Die Gitter meines persönlichen Gefängnisses hatten sich geöffnet. Stück für Stück habe ich mich befreit von all meinen Lasten und finanziellen Abhängigkeiten, meine Beziehung beendet, mich von Freunden verabschiedet, neue begrüßt und angefangen, mehr auf mich zu achten.

Ich habe mir Zeit genommen, mir zu vergeben und verständnisvoller mit mir zu sein. Es war harte Arbeit, unabhängiger von meinen Gedanken zu werden und mich davon zu distanzieren, was andere über mich denken. Dabei geholfen haben mir immer wiederkehrende Expeditionen zum Yoga, zur Meditation und Treffen mit inspirierenden Menschen. All das hat mich langsam und stetig zum Aufwachen geführt.

Meine Wohnung in Berlin war schick, groß und erdrückend zugleich. Um innerlich und äußerlich Platz zu schaffen, habe ich angefangen, mich von materiellen Dingen zu befreien. Meine Wohnung habe ich ausgemistet und gekündigt. Immer wieder habe ich unter meinen verbleibenden Sachen aussortiert und nur behalten, was wirklich nötig war. Nach dem dritten Mal Ausmisten hatte ich so wenig materiellen Ballast, dass ich in ein WG-Zimmer von zehn Quadratmetern ziehen konnte.

Nach meiner Befreiung von all dem materiellen und gedanklichen Ballast, den ich mir die letzten 28 Jahre erfolgreich erarbeitet hatte, war meine innerliche Reise noch lange nicht zu Ende.

Ich wollte noch freier sein. Frei von der finanziellen Abhängigkeit und von einschränkenden Gedanken. Mit neuem Mut, mehr Verständnis für mich und meine vermeintlichen Makel. Dieses Umdenken kam nicht von einem auf den anderen Tag, sondern war eher eine wachsende Erkenntnis, dass ich selbst für mein Leben verantwortlich bin. Das weckte in mir Träume, die ich lange verdrängt hatte. Ich wollte zur Natur zurückkehren und mich überall zuhause fühlen können. Ich wollte aufhören, immer nach etwas zu suchen und mich glücklich zu kaufen.

Ich wollte kein Leben mehr, das auf die Arbeit ausgerichtet ist mit nur vier Wochen Urlaub im Jahr. Ich wollte alle meine Habseligkeiten in einen Rucksack mitnehmen können. Das war und ist mein Traum, dem ich heute schon sehr nah bin, wohl aber noch ein paar Jahre brauchen werde. Doch das ist okay.

Der Aufbruch in eine neue Lebenswelt

Da wohnte ich nun in meinem kleinen WG-Zimmer und fing wieder an zu träumen. All das, was ich mein Leben lang vor mir hergeschoben und für das ich andere schon immer beneidet hatte, wollte ich nun selbst tun. *Weniger reden und mehr machen.*

Einer der ersten Schritte war eine Reise mit dem Rucksack nach Thailand - allein. Gedacht, gebucht und kurz vor der Abreise in totale Panik verfallen, weil ich mich plötzlich fragte, was ich hier eigentlich tue.

Das sollte meine bisher einflussreichste Reise werden. Ich habe gelernt, mit mir allein zu sein. Ich bin in kurzer Zeit gewachsen wie nie zuvor in meinem Leben und habe Entscheidungen getroffen, die mein Leben nachhaltig verändert haben. Ich wollte noch mehr vom Weniger und so reifte der Gedanke in mir, orts- und geldunabhängiger leben zu wollen.

Ich hatte das große Glück, einen Mann kennenzulernen, der genau dasselbe wollte wie ich. Ein Leben mit größtmöglichem Minimalismus. Am liebsten in einem warmen Land.

Vor einigen Jahren wagten wir den Schritt und kauften uns einen kleinen Bus, den wir zu unserem neuen Zuhause machten.

2017 sind wir ohne Plan und Ziel in unsere neue Freiheit aufgebrochen. Schnell merkten wir, dass es ganz ohne Vorbereitung doch nicht funktionierte. Nach wenigen Monaten kehrten wir erst mal zurück in unser altes Leben nach Berlin. Wir hatten erkannt, dass Wege nicht immer geradlinig verlaufen müssen und was für mich früher noch als Scheitern gegolten hatte, war jetzt irgendwie okay. Allein die Erfahrungen, die wir sammeln konnten, waren jeden gefahrenen Kilometer wert.

Nichts kommt so, wie man es denkt. Situationen und Vorstell- ungen verändern sich und man kann jeden Tag neu entscheiden, wie man damit umgeht.

Um viele Erfahrungen reicher starteten wir 2019 einen neuen Versuch. Mit einem vermeintlichen Plan und zumindest ein wenig Einkommen, dass uns finanziert.

Das Gerüst des gesellschaftlichen Lebens und meine eigene Komfortzone zu verlassen und die völlig neue Erfahrung, ein Teil meiner Umwelt und der Natur zu sein, haben mir am Anfang ganz schön Angst gemacht. Ich bin den Pfad zurück in den Einklang mit mir selbst und Mutter Natur gegangen, habe einen neuen Tages- rhythmus gefunden.

Ganz egal, wie anstrengend der eigene Wandel sich hin und wieder gestaltet, möchte ich mein neues Leben auf keinen Fall wieder ein- tauschen. Heute habe ich genügend Selbstliebe und Geduld mit mir selbst, sodass ich mein neues Leben richtig genießen kann.

Heute leben wir seit fast einem Jahr mit unserem Wohnmobil in Südfrankreich. Was in einem halben Jahr ist? Wer weiß das schon? Und das ist auch gut so.

Alles ist für mich immer mehr okay

Wenn man sich selbst nicht liebt und wertschätzt, wie kann man dann andere wertschätzen und lieben? Nur wenn ich mich selbst wichtig nehme, auf mich achte und vor allem das, was ich nicht möchte, auch nicht mache - erst dann bin ich bereit, aufrichtig Liebe zu geben. Wenn ich mich nicht selbst liebe, wie kann ich dann Freund, Helfer, Liebender oder Geliebter sein?

Der heutige Marvin kennt seinen Wert für sich und für andere. Ich kenne meine Stärken und meine Schwächen, verurteile und bestrafe mich aber nicht mehr dafür. Ich habe kein schlechtes Gewissen mehr *nein* zu sagen und kann gut damit leben, dass ich nicht allen gefalle. Ich kann gut mit mir alleine und zu mir selbst sein, schaffe es sogar Lob und Komplimente anzunehmen und zu glauben, das die Menschen es ernst mit mir meinen. Doch es fällt mir nach wie vor schwer, Konflikte auszuhalten. Die Angst, den Menschen dabei zu verlieren, ist noch immer mein ständiger Begleiter. *Aber das ist total okay.*

Selbstmitgefühl zu praktizieren bedeutet für mich, mir jeden Morgen Zeit für mich zu nehmen. Jeden Tag. Eine Stunde oder manchmal auch zwei, die nur mir gehören. Ich meditiere, gehe spazieren und lasse mein Smartphone im Flugmodus. Das ist mir früher sehr schwer gefallen, gerade im beruflichen Kontext, weil ich Angst hatte, nicht ausreichend zur Verfügung zu stehen. Ich bin selbstständig als Contentcreator, nehme mir aber die Freiheit, erst am späten Vormittag für meine Kunden erreichbar zu sein. Am Wochenende arbeite ich meist gar nicht mehr.

Mittlerweile gelingt es mir immer öfter, die negativen Glaubenssätze umzukehren und mich auf vergangene Gespräche, Bewertungen und Feedbacks zu besinnen und so den Glauben an mich selbst und den Respekt mir Gegenüber wieder herzustellen. Fehler anderer inspirieren mich dazu, dass auch ich nicht immer perfekt sein muss, um in dieser Welt einen Wert zu haben. Fehler passieren, und das kann ich mir selbst mittlerweile auch gut zugestehen.

Was mir hilft? Meditation, Meditation und Meditation. Das muss nicht immer auf meiner Yogamatte stattfinden. Atemübungen und Spaziergänge können auch Meditation sein. Auch Yoga ist ein großer Teil meiner täglichen Praxis geworden. Nicht nur auf der Matte, sondern in meinem ganzen Alltag. Ich erde mich, verbinde mich mit mir selbst, spüre in meinen Körper und nehme die Natur um mich herum bewusst wahr.

Marvins Übung für mehr Selbstmitgefühl

Setze dich dafür in eine für dich angenehme Position auf einen Stuhl oder auf den Boden. Schließe die Augen und atme tief ein und wieder aus. Wenn die Gedanken zu sehr kreisen und du dich nicht entspannen kannst, zähle in Gedanken deine Einatmung und Ausatmung mit oder nimm ganz bewusst deine rechte Hand wahr.

Sobald sich die erste Entspannung einstellt, überlege dir ein Mantra, welches dir hilft, dich innerlich wieder zu stärken. Bei mir ist es oft: *Du darfst Fehler machen. Niemand ist perfekt.* Wenn du wieder soweit bist, öffne deine Augen und komme langsam zurück in den Raum, der dich umgibt.

Olga Brüwer

NLP Master Coach, Praktikerin der Positiven Psychologie & Gesundheitswissenschaftlerin

Wohnt in Hamburg

Bietet Einzelcoaching für mehr Selbstvertrauen für Frauen, Selbst- und Berufsfindung an.

Olga in 3 Worten: mitfühlend, lebensfroh, herzlich

„Jetzt freue ich mich wieder auf den nahenden Montag, ohne Bauchschmerzen oder negative Gefühle. Ohne Schwindel. Dieser Spruch hat mich eine ganze Weile begleitet: *Mondays aren't so bad, it's your job that sucks!*"

Auf Diamanten-Suche

Es fing eines Tages ganz plötzlich an. Ich saß bei der Arbeit an meinem Schreibtisch. Die Zahlen meiner Excel-Tabelle flimmerten auf dem Bildschirm. Plötzlich wurde mir schwindelig.

Dann wurde es besser und als ich dachte, dieses eigenartige Gefühl wäre vorüber und ich einfach nur müde, kehrte der Schwindel wieder zurück.

Ich ging an diesem Tag früher nach Hause, denn an konzentriertes Arbeiten war nicht mehr zu denken. Zuerst habe ich gedacht, dass ich einfach einen schlechten Tag gehabt hätte. Doch auch am nächsten und den darauffolgenden Tagen wurde es nicht besser.

Meine gesamte Aufmerksamkeit war nun darauf gerichtet, wann der Schwindel wiederkehren würde. Und er tat es - sehr verlässlich. Langsam entwickelte ich eine panische Angst vor diesen Anfällen. Mein Körper rebellierte gegen das, was ich aufrecht erhalten wollte. Gegen das, wovon ich dachte, dass es von mir erwartet wird. Einen sicheren Job auszuüben und jeden Tag brav zur Arbeit zu gehen.

Wie konnte es nur so weit kommen? Als ich vor sechs Jahren mein Studium abschloss, stand ich vor einem großen Fragezeichen. Was kommt jetzt? Was will ich machen? Ich zog nach Hamburg, weil ich die Stadt schon immer geliebt hatte.

Doch ich hatte keinen Job, wenig Geld und keine Freunde in der neuen Stadt. Ich wusste nicht, wohin mit mir, was mich antreibt, wer ich bin. Ohne Job und ohne Ziel kam ich mir nutzlos vor. *Ich wurde nicht gebraucht.*

Schließlich brachten mich die vermeintlichen Erwartungen, die ich zu erfüllen versuchte, dazu, mich auf verschiedene Stellen im Beratungsbereich zu bewerben. Ohne Erfolg. Als sich die Möglichkeit für ein Praktikum als Projektassistentin auftat, nahm ich die Stelle an.

Es gab keine Aussicht auf eine Festanstellung, doch mein Bedürfnis, überhaupt eine Aufgabe zu haben, war so stark, dass ich zusagte: für ein halbes Jahr Praktikum. In dieser Zeit suchte ich weiter nach einem Job, der mehr meinen Qualifikationen entsprechen und auch den vielen Ansprüchen und Erwartungen meines Umfeldes gerecht werden würde.

Als sich in einem anderen Bereich der Firma eine unbefristete Stelle für mich auftat, ging ich diesen Schritt und nahm den Job an.

Ich bekomme sowieso nichts anderes, dachte ich, *und vielleicht finde ich ja dort mein Glück?*

Da wachse ich schon rein, auch wenn es nicht das ist, was ich gelernt habe.

Auf jeden Fall habe ich einen gut bezahlten Job und nette Kollegen.

Nun bin ich endlich jemand, nun werde ich gebraucht.

So redete ich es mir schön. Fehl am Platz fühlte ich mich dennoch. Ich war weit entfernt davon, Freude an meinen täglichen Aufgaben zu haben, geschweige denn, erfüllt zu sein. Trotzdem blieb ich dort. Aus Angst, die finanzielle Sicherheit zu verlieren. Aus Angst vor den Sorgen meiner Familie und meinen Freunden, wenn ich arbeitslos werden würde.

Vier Jahre ging ich unsicher, unzufrieden und oft mit der Frage in mir zur Arbeit: *Ist das wirklich alles?* Erfolgserlebnisse blieben aus und immer stärker wurde das Gefühl in mir, eine sinnlose Tätigkeit auszuüben. Ich fühlte mich wieder wertlos.

In dieser Zeit tauchten die Schwindelanfälle erneut auf. Meinem Körper ist es zu verdanken gewesen, dass ich endlich aufgewacht war. Als ich durch den Schwindel nicht mehr arbeiten konnte, fing ich an, nach Antworten zu suchen.

Ich entschied mich dazu, mir Unterstützung durch einen Coach zu suchen, um endlich meine wahre Berufung zu finden - und diese zu leben. Als sie in einer unserer ersten Sitzungen meinen Lebensplan aufmalte, konnte ich den weder richtig greifen, noch richtig realisieren. Ich saß meinem Coach gegenüber, in mein Schnecken- haus zurückgezogen, um mich vor all den kleinen Hindernissen zu verstecken, die ich vor mir sah.

Dann sagte sie: „Ich an deiner Stelle würde auch nicht losgehen, wenn ich überall nur Gefahren sehen würde. Was du tust, ist also schlau, denn du beschützt dich damit. Doch jetzt stell dir mal vor, dass nicht nur gefährliche Hindernisse vor dir liegen, sondern auch Schätze. Diamanten."

Dieser Moment war in zweierlei Hinsicht sehr bedeutend für mich. Ich war berührt von der Erkenntnis, dass ich mich eigentlich nur beschützen wollte. Vor schlechten Erfahrungen, Gefahren oder Ver- letzungen. Da empfand ich plötzlich Mitgefühl mit mir. Selbstmit- gefühl. Ich stellte zudem fest: *Ja, es gibt auch wahre Diamanten da draußen in der Welt zu entdecken.* Und so habe ich damit ange- fangen, den Diamanten in mir zu entdecken.

Die Diamanten in mir

Für mich bedeutet Selbstmitgefühl, dass ich so sein darf, wie ich mich gerade fühle. In Kontakt mit mir selbst zu sein, zu sehen und zu fühlen, was in mir vorgeht und dies zu akzeptieren und wertzuschätzen. Und damit meine ich jeden Teil in mir. Jeder Teil in mir, egal wie er sich verhalten mag, möchte etwas Positives erreichen. Auch wenn die positive Absicht dahinter manchmal nicht direkt erkennbar ist. Ganz besonders dann, wenn Leid entsteht.

Das gilt auch für dich: Wenn wir all das annehmen, was in uns ist, können wir uns selbst erst wirklich wertschätzen. Früher habe ich zum Beispiel gedacht: Ich bin einfach zu sensibel und zu empfindlich. Ich kann dadurch keine gute Beziehung führen und ich finde auch keinen erfüllenden Arbeitsplatz.

Klar, bin ich daran Schuld, weil ich alles zu sehr an mich ranlasse und persönlich nehme. *Ich bin nicht gut genug für das, was das Leben verlangt.*

Heute weiß ich: Ich bin ich. Ich bin genau so, wie ich bin. *Ich bin gut so, wie ich bin.* Durch meine Sensibilität und Feinfühligkeit kann ich Gefühle intensiv erleben und die Erfahrung tiefgründiger Begegnungen machen. Ich kann Menschen fühlen. Dadurch kann ich ihnen Raum geben und für sie da sein. Dafür bin ich mir sehr dankbar.

Mittlerweile habe ich viele Diamanten auf meinem Weg gefunden. Zum Beispiel meine wahre Berufung. Heute bin ich als Coach selbstständig und begleite Menschen dabei, mehr an sich selbst zu glauben und sich zu erlauben, sie selbst zu sein. Von einem unbefristeten Job in die Selbstständigkeit - das hätte ich mir früher nicht träumen lassen können. Viele Menschen haben mir davon abgeraten. Doch ich habe auf mich und mein Gefühl gehört. Ich habe die Selbstfindung zu meiner Berufung gemacht, und das bedeutet für mich wahre Erfüllung und Sinn in meinem Leben.

Jetzt freue ich mich wieder auf den nahenden Montag, ohne Bauchschmerzen oder negative Gefühle. Ohne Schwindel. Dieser

Spruch hat mich eine ganze Weile begleitet und mich daran erinnert, meinen Weg weiter zu gehen: *Mondays aren't so bad, it's your job that sucks!*

Der weiße und der schwarze Wolf

Eine Weisheit des indigenen nordamerikanischen Stammes der Cherokee spricht mir aus der Seele. Diese Geschichte möchte ich mit dir teilen:

Schweigend saß ein Großvater mit seinem Enkel am Lagerfeuer und schaute nachdenklich in die Flammen. Die Bäume um sie herum warfen schaurige Schatten, das Feuer knackte und die Flammen loderten in den Himmel auf.

Nach einer gewissen Zeit meinte der Großvater: „Flammenlicht und die Dunkelheit sind wie die zwei Wölfe, die in unseren Herzen wohnen." Fragend schaute ihn der Enkel an. Daraufhin begann der Cherokee seinem Enkel eine sehr alte Stammesgeschichte von einem weißen und einem schwarzen Wolf zu erzählen.

„In jedem von uns lebt ein weißer und ein schwarzer Wolf. Der weiße Wolf verkörpert alles Gute, der Schwarze, alles Schlechte in uns. Der weiße Wolf lebt von Gerechtigkeit und Frieden, der Schwarze von Wut, Angst und Hass. Zwischen beiden Wölfen findet ein ewiger Kampf statt, denn der schwarze Wolf ist böse – er steht für das Negative in uns wie Zorn, Neid, Trauer, Angst, Gier, Arroganz, Selbstmitleid, Schuld, Groll, Minderwertigkeit, Lüge, falscher Stolz und vieles mehr. Der weiße Wolf ist gut – er ist Freude, Friede, Liebe, Hoffnung, Freundlichkeit, Güte, Mitgefühl, Großzügigkeit, Wahrheit und all das Licht in uns. Dieser Kampf zwischen den beiden findet auch in dir und in jeder anderen Person statt, denn wir haben alle diese beiden Wölfe in uns."

Der Enkel dachte kurz darüber nach und dann fragte er seinen Großvater: „Und welcher Wolf gewinnt?"

Der alte Cherokee antwortete: „Der, den du fütterst. Bedenke, wenn du nur den weißen Wolf fütterst, wird der Schwarze hinter jeder Ecke lauern, auf dich warten und wenn du abgelenkt oder schwach bist, wird er auf dich zuspringen, um die Aufmerksamkeit zu bekommen, die er braucht. Je weniger Aufmerksamkeit er bekommt, umso stärker wird er den weißen Wolf bekämpfen. Aber wenn du ihn beachtest, ist er glücklich. Damit ist auch der weiße Wolf glücklich und alle beide gewinnen."

Das ist die große Herausforderung für uns alle: das innere Gleichgewicht herzustellen.

Denn der schwarze Wolf hat auch viele wertvolle Qualitäten – dazu gehören Beharrlichkeit, Mut, Furchtlosigkeit, Willensstärke und großes intuitives Gespür. Aspekte, die Du in Zeiten brauchst, in denen der weiße Wolf nicht weiter weiß, denn auch er hat seine Schwächen.

Ob schwarzer oder weißer Wolf: Sie wollen dir nichts Böses, sondern nur das Beste für dich. Darauf vertraue ich. Es gibt mir das Gefühl von Freiheit in allem, was ich tue.

Sina Knoell

Trainerin für positives Denken

Wohnt in Lüneburg

Bietet das GO POSITIVE Training an.

Sina in 3 Worten: positiv, inspirierend, verständnisvoll

„Es war nie dieser Mann, der mich verletzt hatte. Es war nicht die Liebe und Anerkennung dieses Menschen, die ich vermisste. Es war die Liebe und Anerkennung von mir selbst, die mir ein Leben lang gefehlt hatte. Jahrelang hatte ich mich mit meinen Gedanken selbst verletzt."

Miss Perfect

Wer mein Leben mit Mitte Zwanzig von außen betrachtet hätte, hätte angenommen, ich müsste zufrieden sein. „Ist doch alles in Ordnung", hörte ich Freunde oft sagen. Sie hatten Recht. Mein Leben bis hierhin verlief mit normalen Hochs und Tiefs, Verliebtsein und Herzschmerz, Reisen und Langeweile, Sinnkrisen und Aha-Erlebnissen. Ich hatte eine wundervolle Kindheit, aufregende Teenagerjahre und eine spannende und herausfordernde Studienzeit. Mein Start ins Berufsleben war erfolgreich.

„Ist doch alles in Ordnung", hörte ich ihre Worte immer wieder in mir nachklingen. Trotzdem war ich nicht zufrieden. Ich fing an, mich zu fragen: *Warum fühle ich seit vielen Jahren mehr Trauer, Angst und Wut, statt Leichtigkeit und Freude?*

Den Großteil meines Lebens habe ich mit vielen schlechten Gedanken und sehr wenig Mitgefühl mit mir selbst verbracht. Ich war Perfektionistin und in meinen Augen nie genug. Ich habe mich einfach falsch gefühlt. Erst im Alter von 30 Jahren habe ich angefangen, mich mit dem Thema Selbstliebe und Selbstmitgefühl zu beschäftigen. Zu dieser Zeit spiegelte mir mein Leben dieses geringe Selbstmitgefühl – ich konnte es nicht mehr übersehen! Ein Paradebeispiel dafür war mein Job in einer Unternehmensberatung.

Der Job bestimmte meinen Alltag: Wenn ich nicht gerade gearbeitet habe, beschäftigten mich die Gedanken an zurückliegende oder anstehende Aufgaben und Sorgen, in meinem Job nicht gut genug zu sein. *Ist das wirklich mein Weg?* Ich zweifelte immer mehr daran, was mich zusätzlich stresste.

Ich konnte nicht sehen, was ich bereits geleistet hatte, habe immer mehr gearbeitet und mir selbst das Gefühl gegeben, dass auch das nicht ausreichte. Hinzu kamen Vorgesetzte, die nur sehr wenig lobten und sich eher auf die gemachten Fehler konzentrierten, und meine damalige Beziehung, in der ich das Gefühl hatte, meinem Partner nicht genug zu geben.

Ich tat das, was am leichtesten war: Ich gab allen anderen die Schuld für meinen Stress und meine Unzufriedenheit: Kollegen, Vorgesetzten, meinem damaligen Partner und Freunden. Nur nicht mir. *Sie verlangen zu viel von mir*, sagte ich mir. *Immer muss ich mir ihre Kritik anhören, dass ich zu wenig Zeit habe, zu wenig gebe, dass ich zu gestresst bin und unfreundlich werde. Wie können sie es wagen?*

Doch die wahre Täterin war ich...

Wie sehr ich selbst für meine Situation verantwortlich war, zeigte mir eine Kollegin. Sie war ein Spiegel meiner Selbstausbeutung. Es war Wochenende. Nach einem Streit mit meinem Freund, in dem er wieder nicht verstand, warum ich nicht einfach mal *Nein* zu Mehrarbeit am Wochenende sagen konnte, fuhr er für ein Familienfest zu seinen Eltern. Ich blieb, um am Projekt meiner Kollegen zu arbeiten, die Fehler in einer Excel-Datei gemacht hatten und dringend Unterstützung brauchten. Meine Laune war im Keller.

Rückblickend verstehe ich besser, warum das so war. Eigentlich war ich kaputt von den Monaten der Überstunden, ich war müde von den Auseinandersetzungen mit meinem Freund und ich stellte die Bedürfnisse meiner Kollegen und des Unternehmens mal wieder an erste Stelle. Aber der größte Druck entstand, weil ich mich selbst unter Druck setzte, wieder mal ein perfektes Ergebnis abliefern zu müssen. Ich habe nicht nur die Zahlen korrigiert und in die Präsentationsdatei übertragen, sondern die gesamte Datei neu gestaltet, damit sie auch ja perfekt aussah.

Am späten Sonntagnachmittag war ich endlich fertig und rief die Kollegin an, die *eigentlich* für das Projekt verantwortlich war. Sie kam gerade vom Kaffeetrinken mit einer Freundin. Mir fiel alles aus dem Gesicht und da merkte ich: Auch andere können *Nein* sagen und Grenzen für sich setzen. Obwohl dieses Projekt und die damit verbundenen Fehler ihre Verantwortung waren, war ich diejenige gewesen, die das gesamte Wochenende daran gearbeitet hatte, während sie sich die Freiheit nahm, ihr Wochenende zu genießen.

Diese Situation zeigte mir, dass andere sehr wohl gut auf sich aufpassen und auch mal nur 80% ihrer Energie geben. Ich war wochenlang sauer auf die Kollegin. Erst viel später habe ich angefangen, in solchen Situationen mit dem Finger auf mich zu zeigen. Der Grund meiner Wut lag in Wahrheit immer darin, dass ich sauer und enttäuscht von *mir selbst* war, weil ich nicht auf mich und meine Energie aufpasste. Die anderen zeigten mir wie ein Spiegel, was bei mir falsch lief.

Ich fragte mich: Ist das jetzt mein Leben, das die nächsten 30 Jahre so weiter geht? Oder gibt es da noch etwas anderes? Der Trennung von meinem Freund folgten weitere: Ich kündigte meinen Job und meine Wohnung und ging vier Monate auf Reisen.

Als ich wieder zurück in Deutschland war, begegnete ich einem Mann, in den ich mich sofort verliebte. Das sollte der wahre Schlüsselmoment für mehr Selbstliebe sein. Von einer Minute auf die andere trennte er sich von mir. Unsere „Beziehung" dauerte nur wenige Monate, doch lehrte mich sehr viel Selbstmitgefühl. Ich war wie so häufig als Empathin in eine kräftezehrende Beziehung zu einem Mann mit narzisstischen Zügen gestolpert und dachte, sehr verliebt zu sein.

Nach der Trennung verging Monat um Monat und es ging mir einfach nicht besser. Ich kämpfte jeden Tag darum, endlich einen emotionalen Schlussstrich unter die Beziehung ziehen zu können. Mein Verstand hatte recht schnell begriffen, dass die Trennung richtig gewesen war. Dass dies nicht der Mann an meiner Seite sein sollte.

Aber mein Herz hatte das noch nicht verstanden. Bis ich den Kampf aufgab. Die nachfolgende Zeit war traurig und gleichzeitig der Auslöser für alles Wundervolle, was dann folgte. Ich ließ das Gefühl einfach da sein. Es bekam eine Zeit lang immer mehr Raum und erst dann hatte ich begriffen: Es war nie dieser Mann, der mich verletzt hatte. Es war nicht die Liebe und Anerkennung dieses Menschen, die ich vermisste. Es war die Liebe und Anerkennung von mir selbst, die mir ein Leben lang gefehlt hatte und eine so große Leere in mir erzeugt hatte. Jahrelang hatte ich mich mit meinen Gedanken selbst verletzt. Ich brauchte die Begegnung mit diesem Mann, damit ich endlich dem Menschen begegnen konnte, der eine noch viel größere Bedeutung in meinem Leben haben musste: mir selbst.

Und dafür werde ich immer dankbar sein. Heute stehe ich selbst an erster Stelle und ich wünsche diesen gesunden Egoismus auch jedem anderen Menschen auf dieser Welt. Es ist eines der schönsten Gefühle der Welt, wenn du zu dir selbst JA sagst, und das aus vollem Herzen.

Warum fühle ich seit vielen Jahren mehr Trauer, Angst und Wut, statt Leichtigkeit und Freude? – Diese Frage habe ich mir mit 30 zu stellen begonnen. Antworten habe ich mittlerweile viele gefunden und kann aus vollem Herzen sagen: Ja, ich bin glücklich und liebe mein Leben!

Ich lass mich mit Selbstmitgefühl auch mal auf dem Boden liegen

Selbstmitgefühl bedeutet für mich, sich selbst mit Verständnis und Liebe zu begegnen. Nur wenn ich mich selbst liebe, mit all meinen Facetten, kann ich mir mit echtem, tiefem Mitgefühl begegnen. Selbstmitgefühl bedeutet, dass ich mir gerade in Zeiten, in denen negative Gedanken und Emotionen Überhand nehmen, verständnisvoll begegne. Dass ich mich annehme, mich auch mal am Boden liegen lasse und dort auf eine liebevolle Art und Weise in einen mitfühlenden Dialog gehe - mir selbst in guten wie in schlechten Zeiten zur Seite stehe.

Dieses Versprechen sollten wir nicht nur anderen Menschen bei der Eheschließung geben. Es sollte zur Selbstverständlichkeit werden, dieses auch bewusst an uns selbst zu richten. Gerade in Zeiten, in denen es uns schlecht geht, brauchen wir eines am meisten: uns selbst. Viele machen den Fehler, sich nur im Außen Unterstützung zu holen. Dies sehe ich persönlich aber eher als zusätzliche, unterstützende Maßnahme. Das Wichtigste in diesen Momenten ist, für sich selbst da zu sein. Das bedeutet, in uns hineinzuhören, unseren Gedanken Raum zu geben, auch wenn sie schmerzen.

Ich wünsche mir gesunden Egoismus für jeden Menschen

Wenn wir uns alle mit mehr Mitgefühl begegnen und liebevoller mit uns selbst umgehen würden, wäre die Welt eine andere. Ich könnte jetzt über Weltfrieden und mehr Liebe für alle schreiben. Doch etwas anderes wird viel zu wenig beachtet: der Neid untereinander.

Ich bin noch nicht lange selbstständig und vieles ist neu für mich. Ich bin stolz auf mich und die Dinge, die ich in kurzer Zeit erreicht habe. Deswegen habe ich damit begonnen, über meine Erfolge zu sprechen. Leider findet das nur selten Anklang. Eine meiner besten Freundinnen geht es genauso wie mir: Sie ist seit Kurzem Mutter und ich finde es einfach bewundernswert, mit wie viel Ruhe und Leichtigkeit sie ihren kleinen Sohn aufzieht. Das merkt man ihm auch an. Er entwickelt sich schnell, schläft, isst und ist ein entspanntes Baby. Sie erlebt das alles zum ersten Mal und möchte ihre Freude mit anderen Menschen teilen. Doch das fällt ihr zunehmend schwer, weil sie den Neid anderer Mütter spürt. Weder meine Freundin noch ich möchten mit unseren Erfolgen prahlen, sondern stolz auf uns sein und dieses wundervolle Gefühl mit anderen teilen dürfen.

Ich möchte dazu inspirieren, dass auch du stolz auf dich und deine Leistungen sein darfst. Die Defizitorientierung unserer Gesellschaft, die schon in der Schule beginnt und uns mit dem Ausspruch „Eigenlob stinkt" ein Leben lang begleitet, macht das natürlich schwer, aber nicht unmöglich.

Warum darf ich nicht gut über mich selbst sprechen? Für mich gibt es keinen Grund dafür - nur eine spürbare Auswirkung. Diese Tatsache hat uns zu dem geführt, was wir in den sozialen Medien wahrnehmen: der Wunsch nach mehr Selbstliebe, Selbstmitgefühl, Selbstwert, Selbstvertrauen und was es da sonst noch alles gibt. Ich bin der festen Überzeugung, dass ein liebevoller Umgang mit dem eigenen Selbst dazu führt, dass wir uns auch über die Erfolge anderer freuen können. Und das ist das Kernstück von mehr Miteinander statt Gegeneinander.

Sinas Übung für mehr Selbstmitgefühl

Meine stärkste Übung für mehr Selbstmitgefühl ist die Meditation. In Momenten, in denen ich merke, dass ich sehr viel von mir verlangt habe, koche ich mir einen Tee, schalte warmes Licht an und setze mich auf meine Kissenecke auf den Fußboden. Ich lege meine Hände auf mein Herz und fokussiere mich eine Weile auf meinen Atem. In meinen Gedanken wiederhole ich anschließend bestärkende Sätze, wie zum Beispiel: „Es ist in Ordnung, du musst jetzt gar nichts mehr tun, wenn du nicht möchtest." Im Anschluss nehme ich meinen Kalender zur Hand und überlege, wann ich das nächste Mal Zeit für mich einplanen möchte und was ich da am Liebsten tun möchte.

Susanne Behrendt

Spiritueller Coach

Wohnt in Hamburg

Bietet Spirituelles Coaching, Geistiges Heilen/Trance Healing, Aurareading und Schutzengelseminare an.

Susanne in 3 Worten: empathisch, authentisch, positiv

„Wir haben Angst vor dem Fühlen, es ist uns nicht geheuer. Wenn wir unsere tiefsten Tiefen nicht kennenlernen wollen, wird es uns nicht möglich sein, unsere höchsten Höhen zu erleben. Wir bleiben in einer Art emotionalem Mittelmaß stecken, das für die Funktionalität unserer Industriegesellschaft durchaus von Nutzen ist."

Ich sage JA zu diesem Moment

Selbstmitgefühl ist für mich kein Thema, das sich in wenigen Wochen oder gar einem Moment und auch nicht in wenigen Sätzen abhandeln lässt. Es reicht nicht, sich eine Zeit lang damit zu beschäftigen und dann zu denken: Jetzt habe ich es *gelernt*.

Ich habe unter anderem durch meine 20-jährige Erfahrung im pädagogischen Bereich gelernt, dass Selbstmitgefühl DAS ZENTRALE THEMA UNSERES LEBENS ist. Es mag nur wenige Menschen auf dieser Welt geben, für die dieses Thema nicht mehr von Bedeutung ist – denn sie haben sich selbst soweit transformiert und sind durch den gesamten Prozess der Selbstliebe hindurch gegangen, sodass sie uns als „erleuchtetes" Vorbild oder als Wegweiser dienen können, wie zum Beispiel Eckhart Tolle oder Seine Heiligkeit, der Dalai Lama.

Aber der Prozess der Selbstliebe scheint mir für die meisten von uns ein langer Weg zu sein - wenn er nicht sogar *der* große Lernprozess unseres Lebens und für die gesamte Menschheit *die* große Aufgabe ist, deretwegen wir auf der Welt sind.

Ich bin von Hause aus eine „Macherin". Eine gute Freundin hat mich schon vor zwanzig Jahren einmal so bezeichnet und sie hat noch heute recht. Vor ein paar Jahren kam noch ein „Miss Durchgeplant" als Label für mich hinzu. Autsch. Macherin klingt ja noch ganz gut. Aber *durchgeplant* hört sich für mich doch ein wenig zu sehr nach fester Struktur an und erinnert an jemanden, der sich an sich selbst als Wegweiser hält und auf Biegen und Brechen Dinge durchsetzen will. Für mich bedeutet das das Gegenteil von Lebendigkeit, Freude und Spontaneität.

Und genauso war meine Haltung mir selbst gegenüber. Ich habe mich meist mehr um das emotionale Wohlergehen anderer gekümmert als um mein eigenes. Und was ich mir vorgenommen hatte, habe ich durchgezogen, ob ich gerade wollte oder nicht. Meine To-Do-Liste war oberste Priorität, ganz egal, wie es mir beim Abarbeiten dieser erging.

Und wenn ich heutzutage nicht achtsam bin und mir nicht erlaube, zu fühlen, was gerade in mir ist, rutsche ich in dieses antrainierte Verhalten schnell mal wieder hinein.

Wieder ins Fühlen kommen

Das sind meine alten Muster, die immer mal wieder hochkommen – schließlich habe ich es jahrzehntelang so gelernt. Ich bin aufgewachsen mit der Haltung meiner Eltern, Großeltern, Ahnen, von denen die meisten zu Lebzeiten (im Jenseits hat sich so manches geändert) die Einstellungen vertraten:

„Von nichts kommt nichts!"

„Ein gutes Leben bedeutet harte Arbeit."

„Schaffe, schaffe, Häusle baue." Diese schwäbische Redewendung habe ich genauso integriert wie die Ostpreußische: „Da muss man eben durch, Haltung bewahren, egal, was kommt."

Versteh' mich nicht falsch – diese Glaubenssätze habe ich seit meiner Jugend durchdacht und mich damit auseinandergesetzt, ebenso wie die Beziehung zu meinen Vorfahren.

Ich „arbeite" also mein halbes Leben an diesen Glaubenssätzen, und damit an mir. Sie sind mir bewusst. Aber nur, weil uns als Menschen etwas bewusst ist, heißt das noch lange nicht, dass wir etwas daran ändern und nach etwas Anderem leben. Denn um Glaubenssätze zu ändern, braucht es nicht nur unseren Verstand, es braucht unser Fühlen. Fühlen ist leider ein Wort, das in unserer Gesellschaft viel zu kurz kommt. Wir haben Angst vor dem Fühlen, es ist uns nicht geheuer.

Weil mir das alles bewusst war und ist, hielt ich mich nie für eine Verdrängerin. Ich hielt mich für jemanden, der mit sich selbst ganz gut klarkommt. Ich habe lange Zeit fleißig meditiert: Meist geführte Meditationen, die mich dazu brachten, mich mit dem Licht zu verbinden und mich gut zu fühlen. Ich praktizierte Autogenes Training, las viele viele Bücher, besuchte Seminare, machte Ausbildungen. Ich habe ehrgeizig an meinem *Mindset* gearbeitet, Ziele visualisiert und mir positive Affirmationen aufgesagt. Das volle Programm. Von Klein auf habe ich mich viel mit meiner Vergangenheit, meiner Familie und meinem Platz darin beschäftigt und alles hinterfragt, durchgekaut und verstanden - dachte ich zumindest.

Was dir das Göttliche in dir zeigen kann

In Wirklichkeit hielt mich das Meiste davon einfach nur auf Trab und davon ab, meine inneren Verletzungen zu spüren. Erst vor vier Jahren, als ich meine Ausbildungen, u.a. im "Geistigen Heilen/Trance Healing" in der Schweiz machte, wurde mir dies nach und nach klar. Das war der Beginn von etwas Neuem. Denn sobald wir beginnen, mit der Geistigen Welt, also mit dem Göttlichen, mit Engeln und Geistführern zusammenzuarbeiten, werden wir auf alle unsere blinden Flecken aufmerksam gemacht. Unser Hauptgeistführer ist ein Wesen, das unser gesamtes Leben lang an unserer Seite weilt, uns begleitet und uns hilft, ähnlich wie unser Schutzengel.

Natürlich haben wir auch hier immer den freien Willen, was wir uns genauer anschauen möchten. Oder ob wir weiterhin einen Schleier zwischen uns und unsere Gefühle legen. Unsere Wunden zukleben. Aber aus welchem Grund sollten wir das tun? Deswegen sind wir nicht hierher gekommen. Wenn wir unsere tiefsten Tiefen nicht kennenlernen wollen, wird es uns nicht möglich sein, unsere höchsten Höhen zu erleben. Wir bleiben in einer Art emotionalem Mittelmaß stecken, das für die Funktionalität unserer Industriegesellschaft, nebenbei bemerkt, durchaus von Nutzen ist.

Wie meine Reise zu mehr Selbstmitgefühl begann

Meine Kommunikation mit der Geistigen Welt begann schon vor vielen Jahren.

Durch die Arbeit mit der Geistigen Welt und ihre Unterstützung, Liebe und Kraft sowie durch einige Schicksalsschläge in meinem Leben gelang es mir endlich, *zu fühlen*. Alles, was da ist. Seitdem hat meine Reise in mein Selbstmitgefühl erst richtig begonnen.

Ich hatte schon immer das Gefühl, dass Heilung mein Thema in diesem Leben ist - mit Hilfe der Geistigen Welt. Nur dachte ich früher, dass nicht jeder dazu befähigt sei, mit der Geistigen Welt zu kommunizieren. Dass es nur *Auserwählten* vorbehalten sei.

Mittlerweile weiß ich, dass auch dieser Gedanke meiner Konditionierung entspringt und dass es im Grunde nichts Natürlicheres gibt als mit der Geistigen Welt im Austausch zu stehen und mit dem Göttlichen zu kommunizieren. Die Fähigkeit dazu haben WIR ALLE, ohne Ausnahme. Ja, auch du! Diese Fähigkeiten bringen wir mit hinein in diese Welt, aber im Laufe unseres Aufwachsens verlieren wir sie oftmals, zwar nicht ganz, aber bei den meisten Menschen werden sie quasi zugedeckt und verschüttet.

Sie schlafen ein. Warum? Weil wir sie nicht nutzen, da uns die Außenwelt suggeriert, dass es so etwas nicht gäbe.

Wie lange willst du noch warten?

Ich überlegte also hin und her, diese Ausbildung in der Schweiz zu machen und befragte meinen Geistführer dazu. Dieser stellte mir eine Gegenfrage: *Wie lange willst du noch warten?* Ich ließ sie innerlich nachklingen. Wie lange willst Du noch warten, die Fähigkeiten zu entdecken, die in Dir angelegt sind? Wie lange willst Du noch warten, bis Du Deiner Sehnsucht auf den Grund gehst? Wie lange willst Du noch warten, bis Du Dich daran erinnerst, zu entdecken, wer Du wirklich bist?

Diese Fragen markierten einen Wendepunkt für mich, denn die Antwort darauf war die Entscheidung dafür, dass ich begann, einen wichtigen Teil von mir zu leben. Das war meine erste größere Entscheidung hin zu einer wachsenden Selbstliebe. Ich entschied mich, diesen Weg hin zu mir selbst zu gehen, egal, was die Außenwelt sagte. Selbstliebe ist für mich verbunden damit, dass ich mir meiner selbst bewusst werde (*Selbstbewusstsein*) und damit, dass ich beginne, meinen eigenen Wert zu fühlen und zu leben (*Selbstwert*).

Mein Vertrauen in die Geistige Welt begann, zeitgleich mit dem Vertrauen in mich selbst, zu wachsen. Es fiel und fällt mir zunehmend leichter, zu mir selbst, meinen Ansichten und meiner Wahrnehmung zu stehen und sie zu vertreten, auch wenn viele Menschen damit nichts anfangen können. Dieses wachsende Vertrauen und das wachsende Mitgefühl mit mir selbst führte vor knapp zwei Jahren auch dazu, dass ich meinen Schuldienst an den Nagel hängte und mich selbstständig machte.

Ich empfand meine eigene Lebenszeit als zu kostbar, um sie als Arbeitskraft einem Schulsystem zu widmen, an das ich nicht glaubte und das in meinen Augen mehr schädliche als förderliche Auswirkungen auf alle Beteiligten hat. Es kümmert sich nicht um die Bedürfnisse der einzelnen Kinder, sondern vornehmlich darum, dass sie in diesem System funktionieren.

Auch privat änderte sich vieles. Ich merke, dass meine Entscheidungen immer mehr in Richtung der Frage gehen: Wer und was tut mir gut? Früher versuchte ich, alle möglichen Arten von Beziehungen auf Biegen und Brechen aufrechtzuerhalten. Heute erlaube ich mir, loszulassen, wenn ich merke, dass es einfach nicht passt. Ich schaue hin und spüre in mich hinein, welche Menschen mir wichtig sind. Ich habe Freunde, die fast mein gesamtes Leben schon zu mir gehören und die mit dem, was ich mache, oft nicht viel anfangen können – und dennoch wird die Liebe größer, weil unsere Beziehung getragen ist von gegenseitiger Wertschätzung. Fehlt diese Wertschätzung, erlaube ich mir, die Beziehung loszulassen.

Höre auf deine Schutzengel

Heute weiß ich: Unsere Schutzengel führen uns zu Menschen, zu denen wir passen, die uns guttun und denen wir gut tun - wenn wir nur auf unsere Engel "hören" würden. Wir können aber auch unser eigenes Körperempfinden fragen, unser Bauchgefühl, denn unser Bauch lügt nicht. Wir wissen es eigentlich recht schnell, ob eine Person es gut mit uns meint oder nicht, wenn wir darauf achten, was für Empfindungen uns unser Körper im Austausch mit anderen schenkt.

Leider lassen wir uns im Normalfall häufig von unserem Verstand rein-reden, der unserem Bauch nicht unbedingt glaubt. Mittlerweile erlaube ich mir immer mehr, im Alltag und bei Entscheidungen auf meinen Bauch und mein Herz zu hören, ebenso wie auf die geistige Welt, denn diese Entscheidungen bringen mich in meinen inneren Frieden.

Meine Geistführer und Engel sagen mir oft, dass wir mit uns selbst und mit Anderen viel zu hart sind, dass wir hier sind, um zu lernen, gut zu uns selbst und dadurch auch gut zu anderen zu sein. Dass wir ausprobieren und spielen dürfen und frei sind, Leichtigkeit und Lebendigkeit zu leben. Unsere Sorgen, unser Fleiß und unser Ehrgeiz bringen uns unnötigen Druck und Stress. Wir dürfen unser Leben genießen, für uns ist gesorgt.

Ich merke, dass sich in mir drinnen jedes kleine Mal, wenn ich beginne, diesen Druck und Stress im Körper zu fühlen, etwas verändert. Ganz langsam und allmählich kann sich dadurch Etwas in mir entspannen und in Frieden kommen. Das Leben ist schön. Dadurch ändert sich ebenso jedes Mal wieder etwas an der Energie, die ich aussende in die Welt.

Frieden finden im JETZT

In der westlichen spirituellen Szene, insbesondere auf Social Media-Kanälen, ist eine Bewegung entstanden - nach dem Motto: Wir wandeln unsere negativen Glaubenssätze in positive um, wir setzen uns Ziele, wir *affirmieren* uns ein gutes Gefühl und *visualisieren* unser Traumleben. Wir sind stark, wir sind motiviert, wir haben alles in der Hand. *Wir machen, machen, machen.*

Merkst du was? Wir sind wieder die Macher. Wir strengen uns an und erlauben uns nicht, den inneren Druck zu fühlen, der dabei entsteht. Viele Menschen erlauben sich nicht mehr, sogenannte "negative Gefühle" fühlen zu dürfen.

In meinen Augen hilft es uns wenig, unser Traumleben zu *manifestieren*, denn auch hier gilt: Wir nehmen uns selbst immer mit – auch unsere inneren Verletzungen.

Wenn wir nicht gelernt haben, mit dem, was JETZT in uns auftaucht, in Frieden zu kommen, kommt nach jedem erfüllten Wunsch schon bald der Nächste, weil unsere verletzten inneren Kinder immer noch nach mehr schreien.

Durch die Methoden der Affirmationen und Manifestationen wenden wir uns von unserem Gefühl im JETZT ab, indem wir immer wieder etwas Neues oben drauf setzen. Es gibt viele neue und auch schon uralte Methoden, durch die wir vor uns selbst davonlaufen können.

Wir denken: Wenn etwas nicht so klappt, wie wir es uns wünschen, wenn wir unsere Ziele noch nicht erreicht haben, machen wir halt etwas falsch. Aber keine Sorge: Das nächste Seminar, in dem wir lernen, wie wir richtig manifestieren können, wartet einen Klick entfernt...

Ja, ich formuliere das bewusst überspitzt und möchte damit niemanden vor den Kopf stoßen. Damit meine ich nicht Dich, sondern uns als Gesellschaft - mich eingeschlossen.

Statt dem *Machen, Machen, Machen* können wir in ein wirklich entspanntes Tun kommen. Freude kann erst durch Annahme unserer inneren Widerstände entstehen. Durch das FÜHLEN und das ANNEHMEN dessen, was uns dieser Moment JETZT gerade bringt.

Sag JA zu allem, was ist

Präsenz in jedem Augenblick zu lernen ist für mich das Schwierigste und zugleich das Wichtigste überhaupt. Es ist gleichbedeutend mit meinem JA zu allem, was in diesem Moment ist. Es ist gleichbedeutend mit unserem JA zum Leben. JA zur Freude, Verzückung, zum Spaß, zur Liebe ebenso wie ein JA zum Schmerz, Leid, zur Enttäuschung, Wut oder gar zur Verzweiflung.

Diese ganzen Gefühle sind wie zwei Hälften, die zusammengenommen eine vollständige Medaille während unseres Erdenlebens ergeben. Sie gehören zusammen. Die eine Hälfte kann ohne die andere nicht existieren.

Die Geistige Welt sagt mir oft, dass wir Menschen nicht akzeptieren wollen, dass wir noch vor unserer Geburt den Entschluss gefasst haben, *alle* Gefühle *erfahren* und damit *fühlen* zu wollen. Wir entscheiden uns dafür, hierher zu kommen, um ALLES zu erleben, hautnah, die ganze Palette der Gefühle. Wir alle, ohne Ausnahme, gaben unser JA dafür. Heute fällt uns das oft schwer zu verstehen. Aber wenn ich mal wieder im Widerstand bin und denke, „das kann doch nicht wahr sein, dass ich DAS erleben wollte", sagt mir mein Geistführer, dass es genauso ist - und der tiefste Punkt in mir weiß, dass er Recht hat.

Die Geistige Welt ist unser Ursprung, der Ort, von dem wir kommen und zu dem wir zurückkehren werden, wenn unsere Zeit hier auf der Erde zu Ende geht. Wir können es uns nicht vorstellen, dass so ein Ort existiert, aber dieser Ort ist unser geistiges Zuhause und die Liebe selbst. Reine Liebe. Unsere irdische Dualität existiert dort nicht, es gibt dort kein Hell und Dunkel. Es gibt dort keinen Schmerz, keine Angst und keine Wut. Alles, was ich persönlich bisher von der Geistigen Welt und unserem Ursprung erfahren durfte, ist allumfassendes Mitgefühl, Leichtigkeit, Freude und wahrhaft bedingungslose Liebe, die unseren Verstand und unser Herz übersteigt.

Während unseres irdischen Lebens vergessen wir das aber.

Wir vergessen es genauso wie die Verbindung mit der Geistigen Welt. Wir vergessen, dass wir es so gewollt und uns für dieses Leben entschieden haben. Wir vergessen, dass wir hier ein *verletztes Ego*, eine Persönlichkeit haben, die sich weigern wollen wird, Schmerz zu empfinden.

Denn unser Leben kann schmerzen. Ebenso, wie unsere Heilung schmerzt. Ein schmerzfreies Leben gibt es nicht. Das haben uns bereits alle großen Meister der Weltgeschichte gelehrt.

Dieser Schmerz, diese *Urwunde* (Begriff geprägt von Maria Sanchez), die wir *alle* in uns tragen, entsteht durch unsere Erziehung, durch unser Umfeld, durch die Schule, die Gesellschaft und das gesamte System, in dem wir aufwachsen. Das System vermittelt uns, dass wir mit allen unseren inneren Anteilen, die uns ausmachen, nicht okay sind.

Diese Botschaft erhalten wir unter anderem durch unsere Ahnen, die sie meist unbewusst an uns weitergegeben. Wenn wir uns auf die Suche nach uns selbst machen, entlarven wir einen Teil dieser Botschaften als *Glaubenssätze*. Es ist wichtig zu wissen, dass diese große Urwunde und alle weiteren emotionalen Verletzungen aus unserer Kindheit und davor, zum Beispiel während der Schwangerschaft oder früherer Leben, in unserem Energiefeld energetisch abgespeichert sind.

Eckhart Tolle spricht hier sogar von einem *Schmerzkörper*. Wenn ich mich beim Aurareading mit der Energie meiner Kunden verbinde, kann ich diesen Schmerz teilweise spüren.

Dieser (ur)alte Schmerz in uns bleibt bestehen, solange wir uns ihm nicht liebevoll zuwenden, ihn uns anschauen und ihm unsere Liebe schenken. Wir wollen ihn nicht wahrhaben oder gar fühlen, weil das unangenehm ist.

Daher tun wir alles, um diesem Schmerz auszuweichen. Oft unser Leben lang.

Wir begreifen nicht, dass direkt hinter unseren unangenehmen Gefühlen, quasi durch unseren Schmerz hindurch, unsere Lebendigkeit liegt, unsere Freude, unsere große Kraft und unser enormes Potential, das wir *alle* haben. Wir begreifen nicht, dass in der ANNAHME und im FÜHLEN dieses Schmerzes die wahre Liebe liegt - die Liebe, die wir *sind*.

Diese Liebe umfasst nicht nur *Licht*, wie es in der spirituellen Szene oft propagiert wird, sondern auch unseren *Schatten*. Wir verstehen nicht, dass unser Licht unseren Schatten enthält. Dass unsere Liebe, die wir sind und die in uns ist, auch unsere unangenehmen Gefühle umfasst. Dass diese Liebe, die unser Ursprung ist, ALLES umfasst und beinhaltet. Diese Liebe ist unvergänglich und unzerstörbar. Keine Macht, auch kein Virus dieser Welt, kann ihr etwas anhaben.

Selbstmitgefühl ist, sich selbst zu heilen

Selbstmitgefühl bedeutet für mich genau dies - dass ich mich um meine inneren Verletzungen liebevoll zu kümmern lerne. Dass ich alle meine verletzten inneren Anteile in mein inneres Zuhause bringe und ihnen meine Liebe, meine Annahme, meine Zuwendung und meine Aufmerksamkeit schenke. Wir haben es einfach nicht gelernt, *wie* wir uns gut um uns selbst kümmern können, es hat uns keiner beigebracht. Uns fehlen an dieser Stelle größtenteils Vorbilder.

Wir brauchen *Pioniere*, die sich jetzt auf den Weg machen. Denn die Zeit ist reif, um unser inneres Wesen zu entdecken, zu leben und um ALLES, was in uns ist, widerstandslos anzunehmen und uns auf diese Art selbst zu heilen. Wir heilen somit nicht nur uns selbst und unsere Wurzeln. Diese Heilung fließt ebenso zu unseren Ahnen, zu unseren Kindern und Kindeskindern, den Menschen um uns herum und damit zur gesamten Erde.

Dieser Heilungsprozess schenkt uns die Freiheit, die Liebe und den Frieden, wonach wir uns so sehr sehnen. An dieser Stelle wird deutlich, weshalb Selbstliebe rein gar nichts mit Egoismus zu tun hat, wie oft unterstellt wird. In Wahrheit ist sie das Gegenteil dessen, was wir gemeinhin als Egoismus bezeichnen. Selbstliebe ist Umweltschutz und meiner Meinung nach die unabdingbare Grundlage für alles, was in uns und unserer Gesellschaft nach Veränderung und Heilung schreit.

Wir dürfen die Kraft unserer Energie nicht unterschätzen, die wir aussenden durch unser *Sein*. Wir senden an unsere Umwelt *permanent* Signale aus, während des Wachens genauso wie während des Schlafens. Unsere Energie WIRKT in dieser Welt und gestaltet sie maßgeblich. Letztlich ist es nicht so wichtig, *was* wir tun, sondern *wie* wir etwas tun, was wir dabei fühlen und welche Energie somit von uns erzeugt und ausgesandt wird. Also, lasst uns da hinschauen und hinfühlen.

Wenn wir beginnen, uns tatsächlich selbst anzunehmen, so wie wir JETZT sind, öffnen wir uns für etwas völlig Neues. Etwas in uns beginnt zu fließen und sich zu entspannen. Dadurch kann sich Frieden in uns entfalten und Wunder können geschehen. Denn wir sind jetzt in unserer ureigenen Energie, unserem Wesenskern, angekommen.

Was auch immer du jetzt fühlst, sei dir sicher: Du bist nicht allein. Wenn du deinen Schutzengel oder Geistführer noch nicht wahrgenommen hast, sei dir sicher: Er (oder sie) ist da. Er ist tatsächlich immer an deiner Seite und unterstützt dich mit so viel Liebe bei allem, was du tust und fühlst. Wenn du ihn um Hilfe bittest, wird er sich freuen. Du kannst ihn ganz konkret bitten, dir zum Beispiel beim Fühlen in deinem Alltag beizustehen, und ebenso darfst du ihn um Heilung bitten. Sprich dafür deine Bitte laut oder innerlich aus. Dabei kannst du nichts falsch machen, deine Bitte wird deinen Schutzengel erreichen.

Ich wünsche uns allen, dass wir unseren Kampf gegen uns selbst aufgeben. Dass wir lernen, widerstandslos in uns selbst präsent zu sein und zu fühlen, was wir fühlen – ohne Verurteilung und ohne innerliches Weglaufen. Ich wünsche uns, dass wir dadurch in unserem Wesenskern ankommen, von dem aus *alles* möglich ist. Ich wünsche uns den Frieden, der entsteht, wenn wir annehmen lernen, was Jetzt ist. Und dieser Frieden und diese Liebe in uns und uns selbst gegenüber breitet sich schließlich aus über die ganze Welt.

Viktoria FiLov

Körperliebe-Coach, Feminine Embodiment Coach & Podcasterin

Wohnt in Hamburg

Bietet Online-Einzelcoaching und Sisterhood Circles in Hamburg und Bremen an.

Viktoria in 3 Worten: stark, herzlich, inspirierend

„Mit Erschrecken stellte ich fest, dass ich mich als einen *absolut fehlerhaften* Menschen gesehen habe. Durch diese Erkenntnis konnte ich mir selbst eingestehen, dass meine Beziehung zu meinem Körper und zum Essen absolut gestört ist. Mir ist klar geworden, dass diese Jagd nach einem "perfekten" Körper und der Glaube daran, dass er mich glücklich machen wird, eine schmerzhafte Illusion ist. "

Boah, bist du ekelhaft!

Ich stehe morgens früh auf, gehe auf Toilette, ziehe mich aus und stelle mich auf die Waage. Die Zahl, die ich dort sehe, macht mich sauer: *Ich habe kaum etwas abgenommen.* An einigen Tagen habe ich sogar ein paar Gramm mehr auf der Waage. Das ist kein guter Start in den Tag. Tagsüber befinde ich mich andauernd im *Tun-Modus*, weil ich durch meine Leistungen mir selbst und der Welt beweisen möchte, dass ich wertvoll bin.

Gegen Nachmittag oder Abend, wenn ich nicht mehr so sehr beschäftigt bin und plötzlich Zeit und Raum für mich habe, spüre ich diesen extremen Drang, etwas Süßes zu essen. Den inneren Kampf kann ich nicht lange durchhalten.

Also mache ich mich auf den Weg zum Supermarkt, verspreche mir aber innerlich, dass ich das zum allerletzten Mal für Süßigkeiten tue. Doch morgen oder spätestens in ein paar Tagen werde ich das wiederholen - das weiß ich jetzt schon. Ich kaufe mir Unmengen Süßkram, gehe ganz schnell nach Hause, denn mein Drang nach Zucker treibt mich an. Beschleunigt meine Schritte. Zuhause reiße ich die Tüten auf und esse alles auf. Doch ich genieße es nicht, sondern stopfe es in mich hinein und mache das solange, bis ich einfach nicht mehr kann - nicht mehr essen, fühlen, mich bewegen oder konzentrieren kann. Was auch immer mir meine Seele mitteilen wollte – ich habe sie betäubt, mal wieder. Und wieder. Und wieder. Mein Bauch scheint gleich zu platzen und die Scham frisst mich von innen auf. Und so liege ich stundenlang auf dem Bett und das Einzige, was mir währenddessen durch den Kopf geht, ist:

Boah, bist du ekelhaft! So schwach, so undiszipliniert! Wie willst du denn überhaupt etwas in deinem Leben erreichen, wenn du nicht mal schaffst, abzunehmen?! Du bist einfach nur widerlich! Und du bist fett. Und wie willst du eigentlich eine Beziehung mit einem Mann aufbauen?! Keiner wird dich aushalten, du bist viel zu kompliziert! Und warum fühlst du dich unter Menschen manchmal so unwohl?

Du bist asozial! Wenn am Abend ein Treffen mit Freunden geplant ist, sage ich es höchstwahrscheinlich ab, weil die in mir tobende Scham mir all die Energie genommen hat, die ich noch übrig hatte. Ich verspreche mir, dass ich es morgen anders machen werde. Doch die Geschichte wiederholt sich, Tag für Tag.

Jahrelang war mein Leben voller Selbstablehnung und Körperhass. Nach den Essattacken folgte immer die Diät. Ich schaukelte von einem Extrem ins nächste und wieder zurück. Und während ich fest daran glaubte, dass ich Diäten ablehnte, war ich schon längst in einem Diäten-Sumpf gefangen. Ich schränkte meine Nahrungsaufnahme ein. Kein anderes Gerät war so wichtig für mich wie die Waage: Dieses Teufelsding hat nicht nur meine Laune, sondern mein ganzes Leben kontrolliert.

Wenn ich meinen Körper anfasste, dann nur, um zu überprüfen, wie ausgeprägt meine Cellulite war und wie viel Fett ich am Bauch zu fassen bekam, wenn ich reinkniff. Auch mich selbst als Person konnte ich nicht akzeptieren: Alles an mir war entweder nicht gut genug oder absolut schrecklich.

Diese Selbstablehnung hat sich natürlich auch in meiner Beziehung gezeigt: Ich hatte einen Mann an meiner Seite, der mir überhaupt nicht guttat. Ich konnte meine Grenzen nicht setzen und wurde dadurch permanent mit intensiven Gefühlen und seinen

Grenzüberschreitungen konfrontiert, mit denen ich nicht umzugehen wusste. Um diesen Ärger oder zerreißende Traurigkeit in mir zu stillen, griff ich dann entweder zu einem Glas Wein oder zu Zigaretten, am besten beides gleichzeitig. Dabei war ich doch Nichtraucherin. Nach außen gab ich mich als eine selbstbewusste und glückliche Frau. Kein Mensch wusste, an was für einen dunklen Ort ich mich innerlich zurückgezogen hatte.

Der Weg zur Selbstheilung

Plötzlich habe ich erkannt, wie ich mit mir selbst rede. Ich nahm für einen Moment die Rolle der objektiven Beobachterin ein. Mit Erschrecken stellte ich fest, dass es NICHTS an mir gab, was ich gut oder gut genug fand – ich habe mich als einen *absolut fehlerhaften* Menschen gesehen.

Und in diesem Moment ist mir klar geworden, dass ich so nicht weiter leben kann, dass sich irgendwas verändern muss. Durch diese Erkenntnis konnte ich mir selbst eingestehen, dass meine Beziehung zu meinem Körper und zum Essen absolut gestört ist. Mir ist klar geworden, dass diese Jagd nach einem "perfekten" Körper und der Glaube daran, dass er mich glücklich machen wird, eine schmerzhafte Illusion ist. Auch musste ich mir eingestehen, dass Diäten, die mir eigentlich den Weg zu meinem "perfekten" Körper und somit auch zu einem glücklichen und erfüllten Leben ermöglichen sollten, nicht funktionieren. Schlimmer noch: Sie haben mein Essverhalten und meine Beziehung zu meinem Körper weiter zerstört. Und an diesem Punkt fing meine Reise zu mehr Selbstmitgefühl an.

Der Weg meiner Heilung war sehr verwirrend und holprig. Da ich mich für meine Probleme schämte, habe ich ganz alleine angefangen, mich und mein Leben zu verändern. Niemandem habe ich von meinen Problemen erzählt, bis ich mehr oder weniger aus dem ganzen Sumpf raus war. Ich habe es mir also nicht leicht gemacht.

Auf meinem Weg hat mir die tiefe Auseinandersetzung mit der Gewaltfreien Kommunikation geholfen, die mir meine Menschlichkeit und Güte aufzeigen konnte. Die Gewaltfreie Kommunikation ist ein Prozess zur Konfliktlösung, der uns unterstützen soll, mit uns selbst und anderen in eine einfühlsame Verbindung zu gehen. Entwickelt wurde die Gewaltfreie Kommunikation von Psychologe Marshall Rosenberg. Ich bin in seine Bücher eingetaucht und habe viel mit anderen Menschen in einer wöchentlichen Übungsgruppe und Seminaren Gewaltfreie Kommunikation geübt. So konnte ich nach vielen Jahren endlich wieder etwas Gutes an mir entdecken, liebevoll zu mir selbst sein und mich sogar wertschätzen.

Ich habe das Prinzip des intuitiven Essens für mich entdeckt und meine Diäten daraufhin aufgegeben. Zudem habe ich viele Bücher zu den Themen Körper, Selbstbild, Schönheitsideale, Diät-Kultur und Feminismus verschlungen. Später konnte ich durch körperorientierte Therapie meine tiefen seelischen Wunden heilen. Körperorientierte Therapie bezieht beim Menschen neben der psychischen Dimension auch die körperliche ein, da beide eine untrennbare Einheit für unser menschliches Verhalten und Erleben bilden. Durch bewusste Körperwahrnehmung konnte ich unbewusste psychische Prozesse erkennen.

Heute gehört Selbstmitgefühl zu meiner Grundhaltung mir selbst gegenüber. Es bedeutet für mich Liebe, Verständnis und aufrichtige Neugier mir selbst gegenüber. Meinen Körper sehe ich mittlerweile als meine beste Freundin an, achte auf ihre Signale und schätze sie unglaublich wert.

Trotzdem mache ich natürlich noch Dinge, die ich im Nachhinein bereue. In solchen Momenten erlaube ich mir, traurig oder sauer zu sein, denn die Gefühle, die da sind, wollen gefühlt werden. Dann schaue ich, WARUM ich so gehandelt habe, welches meiner menschlichen Bedürfnisse ich mir durch die Handlung erfüllen wollte. Dann suche ich das Gespräch mit diesem Anteil in mir, der sich schämt oder schlecht fühlt und versuche, ihm die Liebe und den Halt zu geben, den er im Moment braucht.

Ich bin dann die Mutter für diesen Anteil in mir, der sich schämt und fehlerhaft fühlt. Und wenn ich diesen Anteil in mir etwas beruhigen konnte, dann frage ich mich, was für eine Lehre ich aus dieser Situation ziehen kann. Meistens schreibe ich das in mein Tagebuch auf und damit ist die Situation für mich abgeschlossen - ich kann loslassen.

Mit meinem Körper gehe ich genauso um: Egal, ob er plötzlich schmerzt oder ein paar Kilos zunimmt – ich bin da, um ihm zuzuhören und mich um ihn zu kümmern. Ja, ich kann traurig sein, wenn etwas plötzlich nicht so wie gewohnt funktioniert, aber ich werfe meinem Körper nichts mehr vor. Ich und mein Körper – wir sind ein Team. *Er ist meine Quelle der Weisheit, mein Lebenskompass und mein Wegweiser.*

Was würde sich wohl verändern, wenn wir alle mehr Selbstmitgefühl mit uns hätten? *Alles* würde sich verändern. Und vor allem würden wir viel weniger Gewalt und Ungerechtigkeiten auf dieser Erde erfahren. Denn wenn wir mit uns selbst verbunden sind, wenn wir unser Herz öffnen und keine Angst davor haben, unsere Gefühle zu spüren, dann sind wir automatisch liebevoller zu anderen Menschen und Lebewesen. Ein offenes, liebendes Herz kann keinen Schmerz zufügen.

Viktorias Übung für mehr Selbstmitgefühl

Bewegung hilft uns, aus den Gedanken, die oft beurteilend sind, herauszukommen und starke Gefühle wie Wut, Traurigkeit oder Scham auszudrücken. Mit Bewegung meine ich vor allem, sich zu schütteln oder frei zu einer passenden Musik zu tanzen (ohne Spiegel!).

Ich umarme mich auch gerne und schaukle mich leicht, wenn wir traurig bin, Scham oder Schuld fühle. Diese Geste zeigt, dass wir nicht etwas oder jemanden im Außen brauchen, sondern uns selbst den Halt und die Liebe geben können, nach der wir uns im Moment so sehr sehnen. Außerdem hilft das Einbeziehen unseres Körpers dabei, diese tiefe Selbstliebe wirklich zu verinnerlichen, weil zu der kognitiven und emotionalen Ebene auch noch die körperliche Ebene hinzu kommt.

Viktorias weiterführende Tipps

Ich kann dir die beiden Bücher von Marshall Rosenberg, „Gewaltfreie Kommunikation: Eine Sprache des Lebens" und „Konflikte lösen durch gewaltfreie Kommunikation", empfehlen.

Meine Songtipps: „See me beautiful" von Marshall Rosenberg und „I will be gentle with myself" von Karen Drucker. Hör mal rein!

Isabell Mezger-Schumann

Gründerin von Fair Coachings & Fairliebt Verlag, Autorin & Speakerin

Wohnt in Hamburg

Bietet Business Webinare für Coaches & Trainer*innen an.

Isabell in 3 Worten: kreativ, intuitiv, schöpferisch

„Wir dürfen uns daran erinnern, dass unser Lebensweg kein Weg des Kampfes ist. Sondern ein Weg des Tanzes. Das Leben ruft uns kontinuierlich danach, die Kontrolle loszulassen und uns ihm hinzugeben."

Nur du kannst die Tür zur Erkenntnis aufstoßen

„Entspann dich, du musst doch nicht immer arbeiten!", sagt mein Mann immer wieder zu mir, seitdem wir uns zu Studienzeiten kennengelernt haben. Damals war er noch mein Freund und ich eine ehrgeizige Studentin mit vielen Projekten. Meine Mutter redete mir schon als Fünftklässlerin gut zu: „Auch wenn du noch mehr machst, bringt das nicht automatisch mehr. Lass' die Dinge auch mal auf dich zukommen."

True. So true. Doch erkläre einmal einem Raucher, er müsse doch nicht rauchen, um glücklich zu sein. Diese gut gemeinten Hinweise werden genauso am Raucher abprallen oder ihn oder sie sogar noch dazu bewegen, weiterzumachen, um die Illusion vom selbstbestimmten Handeln weiter aufrechterhalten zu können.

Es ist im Leben leider, aber auch zum Glück, alles darauf ausgelegt, dass wir selbst die schmerzvollen Erfahrungen machen dürfen und müssen, um die alles verändernden Erkenntnisse zu gewinnen. Danke an dieser Stelle an all die tollen Mütter und Väter, Schwestern und Brüder, Freunde und Ex-Freunde, Kommilitonen und Chefinnen dieser Welt, die meinen zu wissen, was gut für uns ist.

Niemand kann Erkenntnisse in dich reinpflanzen. Solange du nicht selbst die Tür für die Veränderung aufstößt, hörst oder liest du zwar alle Tipps und Tricks, verstehst sie aber nicht wirklich. Denn die gut gemeinten Ratschläge deiner Mitmenschen, der Bücher oder Podcast-Folgen kommen nicht aus dir selbst heraus. Erkenntnis zu erlangen bedeutet, Wahrheit im Inneren zu spüren, bevor sie sich im

Äußeren zeigen kann. Zuerst musst du die Wahrheit in dir spüren, bevor du sie durch Worte und Taten ausleben kannst. Dieser Vorgang ist ein Ausdruck von Liebe dir selbst gegenüber.

Das bedeutet, unsere Erkenntnisse können nicht zu deinen Erkenntnissen werden. Dieses Buch ist kein Zaubertrank zum schnellen Glück. Stattdessen möchten wir dir einen leichteren Zugang zu deinen Fähigkeiten in dir geben, die schon längst bereit sind, gelebt zu werden. Dieses Buch ist die Trittleiter zum Zauberkessel, in dem der Zaubertrank bereit ist, von dir gekostet zu werden. Du brauchst dich nicht gleich hineinstürzen wie Obelix. Doch mithilfe dieses Buches kannst du dich trauen, ein Schlückchen von deiner Wahrheit zu kosten. Unter all den Gewohnheiten, die dich ständig beschäftigt halten und von dir selbst ablenken wollen, erkennst du sie wieder - deine Wahrheit. Vielleicht sind die Seiten in diesem Buch die letzten liebevollen Anstupser, die du brauchst, um aktiv zu werden *für dich*, anstatt gegen dich.

Doch du bist schon längst auf dem Weg zu mehr Selbstmitgefühl. Wie sonst wärest du auf die Idee gekommen, dieses Buch zu lesen? Du hast dich erinnert, dass ganz tief in dir etwas glitzert und schon lange gut behütet auf dich wartet: die vollkommene Selbstannahme. Irgendwo in dir verborgen sind diese Funken. Vielleicht sind sie schon zu einem kleinen Feuer angewachsen, das lodert und all die Selbstvorwürfe auflösen will. Oder du spürst dieses Licht in dir, das sich ausdehnen und sich zeigen will in der Welt.

Kurz gesagt: Du hast den Mut gefasst, dich auf die Suche nach diesem inneren Wohlgefühl zu machen. Dich zurückzuerinnern an das, was schon immer in dir darauf wartet, endlich freigelegt zu werden. Dich ruft. Dich herbeisehnt. Du bist bereit, deinen kleinen Zeh in den Fluss der inneren Liebe zu tunken - oder direkt hineinzuspringen. Das ist ein Akt des Selbstmitgefühls, zu dem mich weder mein Partner, noch meine Familie oder Freunde bewegen konnten.

Schließlich hat mein Körper mich dazu gezwungen.

Danke liebe Krankheit, mein Augenöffner.

Schon als Kind und Jugendliche war ich neugierig, wissensdurstig und kreativ. Ich hatte eine starke Verbindung zu meiner Intuition und meiner Selbstliebe, aber genauso auch zu Denk- und Verhaltensmustern, die mir nicht gut taten.

Als ich mit zwölf Jahren die Diagnose *Absence Epilepsie* erhalten habe, war mir das ziemlich Schnuppe. Ich stand gerade an der Schwelle zum Teenagersein und den unbegrenzten Möglichkeiten, mich selbst auszuprobieren - im Supermarkt um die geheimnisvollen *Alkopops* herumzuschleichen und gleichzeitig Respekt davor zu haben, in der Freistunde am Strand rumzulungern und den Jungs im Physikunterricht kleine Briefe zuzuschieben. *Das* war meine Welt.

Aber zurück zum Ernst des Lebens. Der Klinikarzt erklärte mir meine leichte Form der Epilepsie so, dass es sich dabei um kleine Aussetzer im Gehirn handele, Kurzschlüsse, die maximal wenige Sekunde dauerten - doch davon wollte ich nichts wissen. Auch dieses bunte Kinderbuch mit Erklärungen, wie ich im Alltag mit diesen "Aussetzern" umgehen sollte, lehnte ich ab. Ich wollte lieber *Bravo* und *Popcorn* lesen, wie alle meine Freundinnen - und vor allem wollte ich kein Mädchen mit "Aussetzern" sein, schon gar nicht eine "Aussätzige".

Während dieser Sekunden, die ich häufig täglich erlebte, war ich geistig abwesend, also „weg". So haben wir es früher in der Familie genannt. Das heißt, ich konnte in diesen Momenten nicht denken, sprechen oder handeln. Kurzum: Ich war in diesen Situationen geistig bewusstlos in einem wachen Körper. Bewusstlos, ohne dass mir jemand zu Hilfe eilen musste oder es überhaupt bemerkte. Nur meine wachsamen Eltern und Freunde merkten es, wenn sie einen Moment in mein ausdrucksloses Gesicht blickten oder im Gespräch etwas länger auf meine Antwort warten mussten.

Mama: „Wie war die Schule, Isi?"

Mama: „Isi?"

Ich so: „Äh, was hast du gesagt?"

Mein Bruder: „Haha, Isabell war wieder *weg*."

Ja, ich war oft *weg*. So kam ich zu einigen ärztlichen Untersuchungen und zur Diagnose, die mir damals so egal war wie die Anweisungen des Arztes. Ich solle mich beim Sport weniger anstrengen, später keinen Alkohol trinken, das Discolicht meiden - und meiner Meinung nach sowieso alles, was Spaß macht. In den Ohren einer Frühpubertierenden waren diese Einschränkungen weitere „Abnormalitäten", die auf mein Konto kamen. Ich war mir peinlich.

Dass ich irgendwie anders war als meine Mitschüler, merkte ich früh. Ich interessierte mich für Spiritualität, für Fragen über den Sinn des Lebens und fühlte das Bedürfnis, viel Zeit mit mir allein zu verbringen. Meine Mutter klärte mich darüber auf, dass ich *hochsensibel* sei und dass sie ähnliche Herausforderungen in der Schule erlebt hatte. Ein weiterer Punkt auf meinem Außenseiter-Konto. Dass mein Vater einige Male den Unterricht störte, weil er mir meine Tablette brachte, die ich zum Frühstück nicht genommen hatte, war fürsorglich. Und mir mega peinlich. Schließlich sprengte es meinen sozialen Kontostand und ich war offiziell *irgendwie komisch*.

Die nächsten Jahre ignorierte ich die Epilepsie weiter und nahm meine Tabletten unregelmäßig. Eine morgens, eine abends - das war kein Ritual, das ich lebenslang pflegen wollte. Auch nach meinem ersten richtigen epileptischen Anfall, den ich nach der Trennung von meinem langjährigen Freund hatte, setzte ich mich nicht mit der Wurzel der Erkrankung auseinander, und drückte sie weiter in die letzte dunkle Ecke tief in mir.

Durch die Trennung erlebte ich damals emotionalen Schmerz, wie ich ihn bisher noch nicht erlebt hatte. Ich hatte gerade angefangen zu studieren und lebte in einer neuen Stadt, schloss meine ersten richtigen Freundschaften und konnte mein Leben endlich so gestalten, wie es mir gefiel und mir mit meiner Hochsensibilität guttat. Ich konnte tun und lassen, was ich wollte. *Aufregend.* Doch tief in mir verstand ich schon damals, dass ich vor der Krankheit nicht davonlaufen konnte. Sie wollte mir etwas zeigen, und deshalb würde sie mir überall hin folgen.

Mein zweiter Anfall liegt noch gar nicht so lange zurück. Ich war gerade in Berlin und für meine Selbstständigkeit unterwegs. Hatte viele Termine und war total beschäftigt. Na klar, schließlich wollte ich meine Berufung als Coach endlich leben. Ich saß gerade im Frühstücksraum des Hotels und ging die vielen Termine für den Tag durch, da wurde mir plötzlich schwindelig im Kopf. Ich hatte schon den ganzen Morgen gespürt, dass etwas nicht stimmt.

Mein zweiter Anfall kam also mit Ankündigung. Dieses Mal war ich knapp zehn Jahre weiser und der Hilferuf meiner Seele erreichte mich endlich. Er stieß auf offene Ohren und ein offenes Herz.

Dein Herz ist hier, um zu geben. Um zu lieben. Und um dich in eine Energie zu hüllen, die dich alle Herausforderungen des Lebens dankbar annehmen lässt. Dein Herz ist hier, um dir die Augen für deine wahren Aufgaben im Leben zu öffnen. Es schenkt dir einen gütigen Blick auf dich selbst. Es macht dich weich, offen und mitfühlend.

Als mein Bewusstsein zurückkehrte, saß ich auf meinem Bett im Hotelzimmer. Die Sanitäter packten gerade meinen Koffer. Kleidung, Schminktasche, Tagebuch. Sie stopften alles in meinen Backpacker und ich wäre am liebsten im Boden versunken. Sie nahmen mich mit ins Krankenhaus, obwohl ich ihnen zuflüsterte, noch Termine zu haben, bevor mein Zug am Nachmittag zurück nach Hamburg fuhr.

Schmerzhafte Erfahrungen rütteln dich durch und räumen in dir auf, sodass der Blick frei wird auf dein Inneres. Du kannst einen Blick erhaschen auf das Licht in dir. Auf diese übersprudelnde Quelle der Lebensenergie und Liebe. Und der Zugang zu deiner inneren Quelle liegt in den miesen Zeiten, die unser Verstand verteufelt und unsere Seele triumphierend jubeln lässt. Diese Zeiten bringen dich in Kontakt mit deiner schier unendlichen Kraft.

Im Krankenhaus Charlottenburg starrte ich an die Decke, schlief, wachte auf, starrte wieder, schlief. So ein Anfall ist ziemlich anstrengend für Körper und Geist. Wie ein Marathonlauf der Zellen. Ein Erdbeben der Muskeln, die sonst so brav zurückhalten, was sich im Anfall seinen Weg bahnt. Hier im Bett konnte ich mich nun nach und nach daran erinnern, was sich im Frühstücksraum des Hotels ereignet hatte. Das haben epileptische Anfälle so an sich - sie schenken dir ein nettes Blackout. Inklusive Kater am nächsten Tag, der bei mir Wochen andauern sollte. Meine Gehirnzellen mussten sich erst neu ordnen, doch dieses Mal merkte ich, dass es nicht allzu viele erwischt hatte wie beim ersten Anfall.

Damals litt mein Sprachareal. Bei meinen Projektarbeiten machte ich plötzlich Rechtschreibfehler und musste lange überlegen, bis ich mich erinnerte, wie man dieses oder jenes Wort buchstabierte. Die toten Zellen wurden nach und nach durch neue ersetzt und alte Verbindungen wiederhergestellt - das Wissen kehrte zurück. Ich reparierte mich selbst, innerlich und äußerlich. Die Beulen am Kopf oder an den Beinen vom Sturz weichen am schnellsten gesunder Haut.

Am Ende war es nicht meine To-Do-Liste, die alles stehen und liegen ließ und mich aus Berlin abholte, sondern mein Freund. Die Lieblingsmenschen in unserem Leben sind diejenigen, die uns bedingungslos annehmen. Sie zeigen uns, was wir noch nicht können. Sie zeigen uns den Zugang zur Selbstannahme, indem wir uns durch ihre Augen liebevoll betrachtet wissen.

Wenn andere es können, kannst auch du dich bedingungslos annehmen und lieben, wie du bist.

Zwei Wochen lang lag ich nach dem Zusammenbruch auf dem Sofa und hing meinen Gedanken nach. Ich war völlig antriebslos, leicht depressiv. Das kannte ich gar nicht von mir. Sonst war ich doch voller Energie und Lebensfreude.

Dann fasste ich einen Entschluss: Nie wieder werde ich meinen Willen, etwas zu erreichen, über mich selbst stellen. Über meine Gesundheit. Über mein inneres Licht. Ich verstand, dass ich mich schon seit meinem Studium angefangen hatte, mich zu überarbeiten. Ich habe mich taub gearbeitet. Meine Gefühle betäubt, meine Bedürfnisse betäubt, meine Wünsche betäubt. Immer mal wieder war ich für einen kurzen Moment klar, bis ich mich wieder in die Taubheit trieb. Um was zu erreichen? Vielleicht das Gefühl, es endlich "geschafft zu haben" in meiner Selbstständigkeit.

Auf dem Sofa liegend fing ich an zu lernen. Zu lernen, wie ich meine Grenzen der Belastbarkeit besser wahrnehme. Wie ich mich in Selbstmitgefühl übe. Mir selbst ungeschminkt zu begegnen, ohne jede Identität, die mich groß und wichtig fühlen lässt, wie mein Titel oder der materielle Erfolg. Lange Zeit habe ich nur Liebe für meine Ziele und meine berufliche Mission gefühlt. Ich hatte mich in etwas im Außen verliebt, anstatt in mich selbst.

Ich lernte, wie ich die Leichtigkeit und die Lebensfreude wieder in mein Leben holte, und tauschte sie kurzerhand gegen den harten Ehrgeiz aus. Ich strich alle Aufgaben aus meiner To Do Liste, die einem äußeren Ideal nachjagten. Ich reduzierte meine täglichen Aufgaben auf ein Minimum, um mehr Raum für mich zu lassen. Mehr Raum, meine Intuition zu befragen, welcher Weg mir wahrhaftig entspricht.

Letztlich sind wir genau dafür hier, und das dürfen wir alle auf die ein oder andere Art und Weise lernen - oder besser: uns zurückerinnern. Wir haben dieses Leben lang Zeit, von Misstrauen ins Vertrauen zu kommen, von der Kontrolle in die Hingabe. Wir haben dieses Leben lang Zeit, uns daran zu erinnern, dass wir bereits vollkommen sind und keine volle To-Do-Liste dafür brauchen, uns wertvoll zu fühlen. Wir dürfen uns daran erinnern, dass unser Lebensweg kein Weg des Kampfes ist. Sondern ein Weg des Tanzes. Das Leben ruft uns kontinuierlich danach, die Kontrolle loszulassen und uns ihm hinzugeben. Mich hat es geschüttelt, stürzen und benommen am Boden liegen gelassen - eine gewaltsame Hingabe. Ein inneres Erdbeben, um Lava über all das fließen zu lassen, was endlich gehen darf. Dafür ist die Epilepsie in mein Leben gekommen, als lehrreicher Besucher, nicht als ständiger Begleiter.

Es gelingt mir natürlich nicht immer, die Kontrolle loszulassen. Nicht immer, aber immer besser. Denn es geht nicht um das perfekte Verhalten, sondern um die Hingabe an die richtige Richtung, die guttut.

Wenn ich an meine Teenagerzeit zurückdenke, kann ich nur liebevoll den Kopf schütteln darüber, wie viel Energie ich verschwendet habe, die Epilepsie zu hassen. Heute bin ich dankbar für die große

Inspiration, die sie mir schenkt - und den großen Wandel in meinem Leben. Durch die Erfahrung der Epilepsie habe ich nicht an Lebensqualität verloren, sondern gewonnen. Denn ich habe mein Herz mir selbst gegenüber geöffnet.

Vom Drang, etwas zu brauchen: der Guru-Effekt

Vor nicht allzu langer Zeit habe ich eine Disziplin daraus gemacht, alles aufzusaugen, was Gurus und Coaches in den Büchern, Podcasts und Kursen dieser Welt lehren. Ich wollte und will als Mensch und spirituelles Wesen wachsen.

Doch ich spürte auch meine Abhängigkeit von diesem Hunger nach Wachstum. Bis ich verstand: Wenn bei mir zehn Bücher für Persönlichkeitsentwicklung auf dem Nachttisch liegen, *dann brauche ich sie auch alle.* Dann hefte ich mich daran in dem Glauben: Wenn ich diese Bücher lese, wird es mir bessergehen. Beim Kauf glaubte ich fest daran und war euphorisch. Erst später wurde mir der Mangelgedanke dahinter bewusst. *Ich war der Obelix, kopfüber im Zaubertrank.*

Und damit erlaubte ich meiner Seele nicht, sich in seiner Fülle zu zeigen. Ich setze gewisse Bedingungen voraus, um glücklich, erfüllt und frei zu sein. *Dieses eine Buch noch. Dieser eine Kurs noch. Und dann bin ich erleuchtet.* Ich nenne das den *Guru-Effekt.*

Inspiration und Abhängigkeit gehen einher, wenn wir es übertreiben. In kleinen regelmäßigen Dosen gibt es uns wundervolle Impulse, um zu reflektieren, in unser Herz zu kommen und was immer uns gut tut auf dem eigenen Weg. Spüren wir das Verlangen, jetzt einen Podcast hören zu müssen oder noch dieses oder jenes Buch lesen zu müssen? Dann sollten wir lieber gar nichts davon machen. Die Finger davon lassen.

Solange wir ein ungutes Gefühl mit dem Input von Außen kompensieren wollen, unterdrücken wir das Geschenk, was darin liegt, uns mit dem Gefühl auseinanderzusetzen. Wir brauchen nichts, um uns glücklich zu fühlen. Verbringen wir Zeit in dem Nichts, hat unser Inneres die Chance, uns zu zeigen: *Du bist schon längst erfüllt.*

Genauso ist es mit dem Träumen: Erlaube dir, groß und viel zu träumen! Das ist eine Fähigkeit, die uns menschliche Seelen besonders macht.

Und was macht mehr Freude, als in uns selbst schon die Realität zu leben, die wir uns im Außen wünschen? Doch sobald diese freudvolle Tätigkeit uns unter Druck setzt, ist der Zweck des Träumens nicht mehr erfüllt. Viel zu lange habe ich mich an Ziele geheftet, durch die ich mich unter Druck gesetzt habe, ständig aktiv sein zu müssen. *Sie machten mich kühl, steif und hartnäckig, anstatt weich, freudig und leuchtend.*

Träumen soll uns den Raum öffnen für eine neue Realität, die wir gerne verwirklichen möchten. Träumen soll uns die Möglichkeit geben, innerlich schon mal auszuprobieren, wie es wäre, dies oder das zu sein und zu tun. Träumen soll uns nicht abhängig machen oder ein minderwertiges Gefühl geben, noch nicht gut genug zu sein. Soll uns nicht das Gefühl geben, dass all das, was wir uns wünschen, noch weit weg oder unglaublich viel Arbeit ist.

Träume und Ziele sind nicht dazu da, dass wir uns an sie klammern wie an den Rettungsring auf dem offenen Meer der Selbstverwirklichung. Wenn ich merke, dass es so ist und mir das Ziel zu verfolgen keine Freude mehr macht, dann lasse ich den Ring los und lasse mich eine Zeit lang einfach treiben durch die Wellen des Lebens. Auf und Ab.

Ich bedanke mich dafür, dass ich durch das negative Gefühl erkannt habe, nicht auf dem richtigen Weg zu sein.

Das ist gelebtes Selbstmitgefühl. Zu gestatten, dass nicht alles immer Sinn machen muss und mich weiterbringt. Ich erlaube mir, mich einen Moment lang - oder auch zwei - verloren zu fühlen. In dieser Verlorenheit finde ich mich wieder, denn jeder Zustand vergeht und macht Platz für einen neuen.

Und ich warte ab, was zu mir kommt. Was vom Leben vorbei getrieben wird. Dann brauche ich nur noch zugreifen und die Chance beim Schopfe packen. Noch nie wurde ich enttäuscht! In den Momenten, in denen ich Träume und Ziele schmerzvoll losgelassen habe, sei es in einer unglücklichen Beziehung durch eine Trennung oder im Job durch meine Kündigung, hat etwas viel Besseres auf mich gewartet. Das neue Ufer war grüner, der Himmel blauer. Kurzum: Das Leben wird *reicher*, wenn wir etwas *loslassen*. Weniger ist mehr. *Weniger* bedeutet: *Mehr* Klarheit. *Mehr* Echtes. *Mehr* Du.

Es ist Zeit, aufzutauchen.

Lass dein Selbstmitgefühl durch Taten sprechen.

Danksagung

Danke an unsere grandiose Fair Coachings Community.

Danke an alle Coachees.

Danke an alle Fair Coaches.

Danke an alle Autor*innen dieses Buches.

Danke an das Team hinter dem Buch:

Annika Hansen, Indra Siemsen, Marvin Kopp, Elisabeth Ziegler und Laura Federico.

Danke an den Herbst, der uns dazu gebracht hat, zuhause gemütlich eingekuschelt unsere Herzen auszuschütten.

Danke, dass du mit uns bis hierhin gegangen bist. Stellst du nun die alles entscheidende Frage an dein Herz?

Willst du mit mir gehen?

Mehr über die Autor*innen

Insgesamt elf Fair Coaches haben an diesem Buch mitgeschrieben. Du hast Lust bekommen, mit ihnen zu arbeiten? Hier findest du die Links zu ihren Webseiten. Für Menschen mit geringem Einkommen, wie zum Beispiel Studierende, Azubis, Arbeitslose oder Geringverdienende, bieten die Fair Coaches rabattierte Coachingangebote auf Fair Coachings an. Hier findest du die Fair Coaches in der Übersicht: www.fair-coachings.de/fair-coaches

Ann-Carolin Helmreich

www.tatsinn.com

Aurelia Hack

www.companioncoaching.de

Eva Eulenstein

www.eulenstein-coaching.com

Jessica Jansen

www.jessicapolke.com

Katrin Strate

www.kathrinstrate.de

Katrin Krappweis

www.katrinkrappweis.de

Lisa Schroeter

www.lisaschroeter.de

Marvin Kopp

www.marvin-kopp.de

Olga Brüwer

www.coaching-fuer-selbstvertrauen.de

Sina Knoell

www.sinaknoell.com

Susanne Behrendt

www.susannebehrendt.de

Viktoria FiLov

www.viktoriafilov.com

Isabell Mezger-Schumann

www.isabellschumann.de

Mehr über Fair Coachings

www.fair-coachings.de

E-Mail: info@fair-coachings.de

Mehr über den Fairliebt Verlag

www.fairliebtverlag.de

E-Mail: info@fairliebtverlag.de